# 马克思主义简明读本

# 和平共处五项原则

丛书主编：韩喜平

本书著者：陶 莹

编 委 会：韩喜平 邵彦敏 吴宏政
王为全 罗克全 张中国
王 颖 石 英 里光年

吉林出版集团股份有限公司

图书在版编目（CIP）数据

和平共处五项原则 / 陶莹著. -- 长春：吉林出版集团股份有限公司，2014.4（2019.2重印）

（马克思主义简明读本）

ISBN 978-7-5534-4241-9

Ⅰ.①和… Ⅱ.①陶… Ⅲ.①和平共处五项原则—研究 Ⅳ.①D801

中国版本图书馆CIP数据核字（2014）第055495号

## 和平共处五项原则
HEPING GONGCHU WUXIANG YUANZE

丛书主编：韩喜平
本书著者：陶 莹
项目策划：周海英 耿 宏
项目负责：周海英 耿 宏 宫志伟
责任编辑：宫志伟 陈增玥
出 版：吉林出版集团股份有限公司
发 行：吉林出版集团社科图书有限公司
电 话：0431-86012746
印 刷：北京一鑫印务有限责任公司
开 本：710mm×960mm 1/16
字 数：100千字
印 张：12
版 次：2014年4月第1版
印 次：2019年2月第3次印刷
书 号：ISBN 978-7-5534-4241-9
定 价：29.70元

# 序　言

习近平总书记指出，青年最富有朝气、最富有梦想，青年兴则国家兴，青年强则国家强。青年是民族的未来，"中国梦"是我们的，更是青年一代的，实现中华民族伟大复兴的"中国梦"需要依靠广大青年的不断努力。

要提高青年人的理论素养。理论是科学化、系统化、观念化的复杂知识体系，也是认识问题、分析问题、解决问题的思想方法和工作方法。青年正处于世界观、方法论形成的关键时期，特别是在知识爆炸、文化快餐消费盛行的今天，如果能够静下心来学习一点理论知识，对于提高他们分析问题、辨别是非的能力有着很大的帮助。

要提高青年人的政治理论素养。青年是祖国的未来，是社会主义的建设者和接班人。党的十八大报告指出，回首近代以来中国波澜壮阔的历史，展望中华民族充满希望的未来，我们得出一个坚定的结论——实现中华民族伟大复兴，必须坚定不移地走中国特色社会主义道路。要建立青年人对中国特色社会主义的道路自信、理论自信、制度自信，就必须要对他们进行马克思主义理论教育，特别是中国特色社会主义理论体系教育。

要提高青年人的创新能力。创新是推动民族进步和社会发展的不竭动力，培养青年人的创新能力是全社会的重要职责。但创新从来都是继承与发展的统一，它需要知识的积淀，需要理论素养的提升。马克思主义理论是人类社会最为重大的理论创新，系统地学习马克思主义理论有助于青年人创新能力的提升。

要培养青年人的远大志向。"一个民族只有拥有那些关注天空的人，这个民族才有希望。如果一个民族只是关心眼下脚下的事情，这个民族是没有未来的。"马克思主义是关注人类自由与解放的理论，是胸怀世界、关注人类的理论，青年人志存高远，奋发有为，应该学会用马克思主义理论武装自己，胸怀世界，关注人类。

正是基于以上几点考虑，我们编写了这套《马克思主义简明读本》系列丛书，以便更全面地展示马克思主义理论基础知识。希望青年朋友们通过学习，能够切实收到成效。

韩喜平

2013年8月

# 目　录

# 引　言

　　和平共处五项原则是指互相尊重主权和领土完整、互不侵犯、互不干涉内政、平等互利、和平共处这五项原则。中国不仅是和平共处五项原则的积极倡导者，也是忠实实践者。作为中国独立自主和平外交政策的基石，和平共处五项原则早已被载入《中华人民共和国宪法》。在和平共处五项原则的基础上，中国同172个国家建立和发展了外交关系，与200多个国家和地区开展了经贸、科技、文化交流与合作。和平共处五项原则提供了相同或不同社会制度的国家建立和发展关系的正确指导原则；和平共处五项原则指明了和平解决国家间历史遗留问题及国际争端的有效途径；和平共处五项原则有力地维护了广大发展中国家的利益，促进了南北关系的改善和发展；和平共处五项原则为推动建立公正合理的国际政治经济新秩序奠定了重要的思想基础。

1953年12月31日，周恩来总理在会见来访的印度代表团时第一次完整地提出了和平共处的五项原则。当时，亚非拉民族解放运动风起云涌，世界殖民体系土崩瓦解，新独立的亚非拉国家最迫切的任务，就是捍卫国家独立和主权，反对外来侵略和干涉，建立平等的国家关系，争取和平的国际环境来发展民族经济。在这种复杂的国际背景之下，和平共处五项原则应运而生，它代表了新独立的国家为处理复杂的国际关系、维护国家独立和建立国际政治经济新秩序所做出的重要努力。

和平共处五项原则是毛泽东、周恩来外交思想的具体体现，是党中央集体智慧的结晶，是新中国对外政策的一部分。1954年6月底，在中国、印度、缅甸三国的共同努力下，和平共处五项原则第一次向全世界宣告提出。从和平共处五项原则正式通过条约进入国际法领域，再到20世纪80年代和平共处五项原则上升为中国外交的基本准则，到新世纪和平共处五项原则的全方位应用，和平共处五项原则成为中国与绝大多数邻国解决历史遗留边界问题重要准则和依据，同时，中国也获得了世界大多数国家的承认并赢得了世界的尊重。

实行和平共处五项原则，意味着世界上所有的国家，无论政治社会制度、意识形态、宗教信仰、发展水平有多么不同，各国主权和领土完整都应得到完全的尊重。60年的历史经验证明，和平共处五项原则具有强大的生命力，它为维护亚洲和世界的和平与稳定，促进国际关系的健康发展，做出了不可磨灭的贡献。和平共处五项原则已经成为具有国际法意义的国际关系准则。邓小平曾经明确地指出，在国际关系中，"和平共处五项原则是最经得住考验的"，1955年4月，有20多个国家出席的亚非会议接受了和平共处五项原则。此后，和平共处五项原则不仅在各国大量的双边条约中得到体现，而且相继被载入一系列重要国际文件，为世界大多数国家所接受，成为国际社会处理国与国之间关系的基本准则和现代国际社会最受称颂的概念之一。

历史在前进，今天的世界正经历深刻而复杂的变化。一方面，世界多极化和经济全球化在持续发展，和平与发展仍是世界的主题。另一方面，世界上不稳定、不确定的因素也在增多。霸权主义、强权主义、单边主义、分裂主义、极端主义和恐怖主义等都严重地威胁着世界的和平与稳定。在这种形势下，和平共处五项原则不但没有过时，其重要性和时代意义反而更加增强了。在这种新形势下，中国提倡树立以"互信、互利、平等、协作"为核心的新安全观，以及奉行"与邻为善，以邻为伴"，"睦邻、安邻、富邻"，"开放包容、互利共赢"的周边外交政策，这无疑是和平共处五项原则的精神的创造性运用和发展。

中国的发展离不开世界，世界的繁荣稳定也离不开中国。党的十八大再次向世界宣示，中国将继续高举和平、发展、合作、共赢的旗帜，坚定不移地奉行独立自主的和平外交政策，始终不渝奉行互利共赢的开放战略，在和平共处五项原则基础上全面开展同各国的合作，以更加积极的姿态参与国际事务，发挥负责任的大国作用，同世界人民一道，推动建设持久和平、共同繁荣的和谐世界。

相信动乱、战争和危机必将会被和平、合作与发展所取代，我们的世界会变得越来越美好！

和平共处五项原则精神永存！

# 第一章　和平共处五项原则的形成

和平共处五项原则是中国处理同一切国家关系的基本准则和独立自主的和平外交政策的基础。在长期的外交实践中，中国坚持在和平共处五项原则的基础上同世界各国建立和发展关系，为中国外交开辟了广阔的天地，极大改善了中国的国际环境，提升了中国的国际地位和影响力。近60年来，和平共处五项原则也已经成为国际社会公认的重要国际关系准则。

和平共处五项原则规定了新中国处理对外关系的三大价值取向和基本目标：以和平为最高目标；以平等为基本准则；以互利为基本要求。这五项原则为中国外交战略和政策的制定指明了方向，规定了性质。

在和平共处五项原则的基础上，中国的外交理念已形成一个完整的体系：即独立自主的和平外交政策，其基石是和平共处五项原则，旗帜是和平、发展、合作，远景是推动建设持久和平、共同繁荣的和谐世界，道路是和平发展，办法是互利共赢。

## 第一节　新中国外交政策方针

从20世纪初到20世纪70年代，"战争与革命"的主题持续了半个多世纪。二战结束后，以雅尔塔会议所安排的世界范围的划分为基础，世界政治形成了社会主义和资本主义两大阵营对峙的局面。以美国为首的西方发达资本主义国家力图维护其世界霸权和资本主义统治；世界社会主义力量也获得较大的发展，建成以苏联为首的社会主义阵营；同时还有众多新取得独立和正在争取独立的亚非拉国家日益兴起，形成了不容忽视的政治力量。

中华人民共和国在这样的背景下成立，政权初建，经济落后，百废待兴。以美苏为首的两大阵营的严重对峙又使中国处于冷战的前沿，而美国等西方国家对新中国的敌视和遏制及其采取的政治上孤立、军事上包围、经济上封锁的方针，更对新中国的安全构成了长期威胁。

　　建国前夕，我们党的第一代领导人就在思考应该建立一个什么样的新中国，以什么样的形象走向世界舞台。从毛泽东的《新民主主义论》《论联合政府》《目前的形势和我们的任务》，到《在中国共产党第七届中央委员会第二次全体会议上的报告》《论人民民主专政》等文章中规划的蓝图，从刘少奇、周恩来、张闻天等领导人提出的许多重要主张，到国内各界人士的踊跃建议，都为新中国的筹建和新中国形象的设计提供了建设性意见。经过深思熟虑和反复酝酿，中国领导人确立了以社会主义为基本制度的人民当家作主的民主国家形象，建立起崭新的中华人民共和国。

　　1949年1月，中共中央在《中央关于外交工作的指示》中强调了独立自主的问题；1949年3月召开的中共七届二中全会根据毛泽东主席的意见，对即将成立的新中国的外交政策，做出了重要的战略决策。4月，毛泽东以中国人民解放军发言人的名义宣布了与外国建交的两项原则，表示新中国愿意在"平等、互利、互相尊重主权和领土完整的基础上"与"首先是不能帮助国民党反动派"的国家建立外交关系。同年9月召开的中国人民政治协商会议通过的具有临时宪法性质的《共同纲领》对外交政策做了如下规定："中华人民共和国外交政策的原则是为保障本国独立、自由和领土主权的完整，拥护国际的持久和平和各国人民之间的友好合作，反对帝国主义的侵略政策和战争政策；凡与国民党反动派断绝关系、并对中华人民共和国采取友好态度的外国政府，新中国可以在平等、互利及互相尊重领土主权的基础上，与之谈判，建立外交关系；中华人民共和国可在平等互利的基础上，与各外国的政府和人民恢复并发展通商贸易关系。"这些规定为新中国奉行独立自主的和平外交政策，尤其是和平共处五项原则的确立奠定了坚实的基础。10月1日，毛泽东主席在天安门城楼向全世界宣告："凡愿遵守平等、互利及互相尊重领土主权等项原则的任何外国政府，本政府均愿与之建立外交关系。"

新中国的成立结束了旧中国100多年来的屈辱外交，使受尽苦难的中国人民终于挺身站起来了，翻身做了国家的主人，使中国的历史翻开了全新的一页，使中国的面貌从此焕然一新。毛泽东满怀豪情地预言："中国人民将会看见，中国的命运一经操在人民自己的手里，中国就将如太阳升起在东方那样，以自己的辉煌的光焰普照大地，迅速地荡涤反动政府留下来的污泥浊水，治好战争的创伤，建设起一个崭新的强盛的名副其实的人民共和国。"方向和目标一经确定，中国人民就以实际行动表明了捍卫独立、追求和平的决心和愿望。为了实现民族的独立和人民的解放，中国人民经历了一个半世纪的浴血奋斗，从以往的苦难历程中深切地体会到没有国家的独立，就不可能有人民的民主权利，就不可能建设一个繁荣富强的国家。因此，中国人民十分珍惜来之不易的独立和主权，把独立自主的问题放在十分突出的地位，拒绝承认一切有损于中国主权利益的行为。而与此同时，饱受战乱、压迫之苦的中国人民更是深知和平的弥足珍贵，真诚地渴望和平，渴望以平等的身份与其他国家交往、交流。独立自主与和平的外交政策的确立可谓众心所向。

新中国成立后短短一年，就迅速、彻底地清除了帝国主义在中国的特权和势力，建立了人民海关，与苏联等11个社会主义国家建交，签订了《中苏友好同盟互助条约》，并获得了13个国家的承认，其中，印度、印度尼西亚、缅甸、瑞典、丹麦、瑞士、芬兰等七国成为与新中国建交的第一批非社会主义制度的友好国家。同时，新中国政府通过军事、经济、政治上的一系列措施，巩固了新生的人民共和国，更使中华大地万象更新，旧貌换新颜。正如周恩来在庆祝新中国成立一周年大会上所形容的："国内外的人民都看到：经过了这一年，中国已经比过去几百年甚至几千年经历了更重要的变化；旧面貌的中国正在迅速地消失，新的人民的中国已经确定地生长起来了。"

新中国的成立使中国的形象焕然一新，为塑造中国新形象建立了坚实的基础。邓小平曾经感慨地说："鸦片战争以来的一个多世纪里，外国人看不起中国人，侮辱中国人。中华人民共和国建立后，改变了中国的形象。""中国在世界上的地位，是在中华人民共和国成立以后才大大提高的。只有中华人民共和国的成立，才使我们这个人口占世界总人口近四分之一的大国，在世界上站起来，而且站住了。还是毛泽东那句话：中国人民站起来了。"但是，新中国面对还比较陌生的国际社会，在如何以崭新的姿态走向世界舞台，以及应该树立一个什么样的形象，又该怎样去塑造等问题上都面临着巨大的挑战。

主权的完整、平等、独立和不受干涉，是和平共处五项原则的应有之义。从维护国家和民族利益的主体性出发，毛泽东非常珍惜中华民族经过浴血奋斗得来的独立自主的权利，并把独立自主作为新中国外交的基石和塑造国家形象的根本原则。"独立自主、不怕鬼、不信邪"正是以毛泽东为核心的第一代党和国家领导人在和平共处五项原则的基础上塑造的鲜明的国家形象，这一形象是在新中国赢得独立和捍卫独立的过程中充分展现的。

在与社会主义国家的关系上，中国在社会主义建设初期采取了以独立自主为基础的"一边倒"的政策，以依托社会主义阵营的力量加速经济恢复和发展，并提高国际地位。面临两大阵营的对峙，周边国家的猜疑，尤其是西方国家的敌视和遏制，生存需要成为新中国领导人压倒一切的优先考虑。当时中国国际战略指导思想的核心就是捍卫国家主权，保证军事安全，民族独立和自力更生。可见，无论是新中国领导人的主观指导思想，还是客观的国际形势，都决定了开基立业的新中国必然选择独立自主基础上的"一边倒"的外交战略，正如毛泽东在《论人民民主专政》中所说："一边倒，是孙中山的四十年经验和共产党的二十八年经验教给我们的，深知欲达到胜利和巩固胜利，必须一边倒。"与此同时，毛泽东也明确指出：

中国领导人选择一边倒是为了争取国际援助，而不是寻求庇护。毛泽东认为："在帝国主义存在的时代，任何国家的真正的人民革命，如果没有国际革命力量在各种不同方式上的援助，要想取得自己的胜利是不可能的。胜利了，要巩固，也是不可能的。"但是，"我们的方针放在什么基点上？放在自己力量的基点上，叫做自力更生"。周恩来也强调："我们对外交问题有一个基本的立场，即中华民族独立的立场，独立自主、自力更生的立场。首先我们要自力更生，然后才能争取外援。外援如果有利于中国，当然要，但不能依赖。即使对于苏联及各人民民主国家，我们也不能有依赖之心。蒋介石失败的主要原因之一，就是一切依赖外援，这是前车之鉴。我们愿意和一切以平等待我之国家合作，我们不排外，不挑衅，但必须站稳立场，否则就只能倒在外国人怀里。"这也是中国没有像其他东欧国家那样，因为"一边倒"而削弱国家力量的关键所在。

在苏联两大阵营理论的影响下，新中国成立初期的外交工作存在着比较分明的敌友观，往往将交往的国家划分为敌我两类。周恩来曾在外交工作中指出："今天开辟外交战线，首先要认清敌友。""在国际战场上，有朋友，也有敌人。"为了维护主权完整和新中国安全，中国先后参加了援越抗法和抗美援朝两场战争。这两场战争，尤其是抗美援朝战争，不仅维护了国家的主权和安全，挫败了帝国主义的嚣张气焰，还大大增强了民族自信心和自豪感，扩大了中国在世界的影响。

随着朝鲜战争局部化趋势的出现，中国领导人逐渐将注意力转移到国内经济建设，并开始进行对外政策的调整，以改善周边环境，维护国家安全。事实上，从缔结《中苏友好互助同盟条约》之日起，毛泽东和中国共产党人就一直在谋求同苏联建立一种平等的盟友关系，而不是一种战略上的附庸关系；与其他社会主义国家，也以和平共处五项原则为基本准则，尊重彼此的平等、独立。从1952年开始酝酿、1954年基本形成的、被称为"和平统一战线政策"的外交政策应运而生，其核心就是和平共处五项原则，主要内容就是以争取和平为目标，尽可能地联合一切希望保持和平的国家，而首要的就是争取周边国家形成睦邻友好关系。

面临着帝国主义和新老殖民主义的侵略和战争的威胁，1954年8月11日，周恩来总理兼外长在中央人民政府委员会第

33次会议上所做的外交报告中指出了当时国际形势的特点：为了追求世界霸权，美国侵略集团一贯地执行扩军备战的实力政策，并不断在亚洲和欧洲策动组织各种各样的以侵略为目的的对立的军事集团，以制造国际紧张局势，便于从中取利。尤其是在亚洲，他们的侵略活动更加露骨。美国侵略集团发动了侵略朝鲜的战争，加紧干涉印度支那的战争，同时，侵占了我国领土台湾。美国侵略集团的侵略政策就是亚洲及世界和平不断遭受威胁的根源。周恩来根据当时的国际形势，特别是亚洲地区的形势，根据党中央制定的新中国外交的大政方针，创造性地提出了和平共处五项原则，并付诸实践。通过出席日内瓦会议和亚非会议，新中国以崭新的姿态登上国际舞台，充分展现了新中国外交上爱好和平、反对帝国主义和殖民主义、支持被压迫民族争取独立解放的鲜明特点。

## 第二节　和平共处五项原则的提出

中华人民共和国成立后，中国外交翻开了新的一页。掌握了自己国家命运的中国人民，从自己及亚洲人民长期遭受殖民主义侵略和压迫的痛苦经验中深切地体会到捍卫国家主权，争取和平环境，建设自己国家的重大而迫切的意义。和平共处五项原则的提出，就是为此目的服务的。

印度是最早承认新中国并与我国建立外交关系的国家之一，是我国重要的友好邻邦。中国和印度是亚洲两个大国。两国都长期遭受殖民主义的侵略和压迫，两国人民为了争取自由和独立，进行了坚持不懈的斗争。在建立新的国家后，两国又面临着共同的任务，即在和平环境中建设各自的国家。因此，中印两国有着发展友好合作关系的共同基础，但是两国关系中还有些历史遗留下来的问题，例如边界问题、西藏问题等。中央决定，首先谈判解决中印之间业已成熟而又悬而未决的问题，即印度在我西藏地区沿袭英国统治印度时期殖民当局的特权问题。解决边界问题，条件尚不成熟，待将来选择时机解决。过去，英印政府在我西藏享有许多特权，例如：在亚东、江孜派驻军队，设立军营仓库；在西藏地方经营邮政、电报及驿站等业务；派驻的商务代表享有比领事职权还大的权力；在拉萨派驻有外交代表身份的官员，等等。这些都是英国殖民主义者侵略中国造成的后果。

根据毛泽东主席的"打扫干净屋子再请客"的方针，对西方帝国主义、殖民主义在中国的特权，必须予以清除。但印度已于1947年独立，是一个新兴的民族主义国家，不能采取对西方列强那样的方式来处理中印之间的问题。印度独立后，仍想继承过去英国殖民主义者在西藏的特权，保持其在西藏的特殊地位和影响，并企图阻挠中国和平解放西藏。中国政府决心维护自己的主权和领土完整，同时力求同印度保持友好关系。因而一方面严正申明西藏问题是中国内政，任何外国的干涉都是不允许的；另一方面恳切地表示："只要彼此严格遵守相互尊重领土主权及平等互利的原则，我们相信，中印两国的友谊应该正常的发展，中印在西藏的外交、商业和文化关系也可以循着正常的外交途径获得适当的互利的解决。"特别是，周恩来总理亲自出面做工作，既坚持原则，又以理服人。

1952年6月14日周恩来总理向印度驻华大使指出："中国同印度在中国西藏地方的关系的现存情况，是英国过去侵略中国过程中遗留下来的痕迹。对于这一切，新的印度政府是没有责任的。英国政府与旧中国基于不平等条约而产生的特权，现在已不复存在了。因此，新中国与新的印度政府在中国西藏地方的关系，要通过协商重新建立起来，这是应该首先声明的一个原则。"

1953年9月2日，印度总理尼赫鲁通过其驻华大使赖嘉文向周恩来总理表示，同意中方建议，就此问题进行谈判。周恩来总理又建议当年12月在北京举行谈判，印方表示同意，并指派赖嘉文大使为印方代表团团长，我国政府则指派外交部副部长章汉夫为中方团长。

1953年底，中国政府同当时的印度外交部联合秘书高尔、驻华大使赖嘉文、西藏问题专家卢巴拉卡里共同组成代表团，在北京就印度与西藏地区的贸易通商问题进行磋商。12月31日下午，周恩来总理在中南海接见代表团时，第一次提出了著名的和平共处五项原则。周恩来说："新中国成立后，确立了处理中印两国关系的原则，那就是，互相尊重领土主权、互不侵犯、互不干涉内政、平等互惠和和平共处的原则。"周恩来表示，像中印这样相互毗邻的大国之间一定会存在某些问题，只要本着上述原则，任何业已成熟的、悬而未决的问题都可以拿到桌面上来谈。赖嘉文大使当即代表印方对周恩来提出的五项原则表示完全赞同，并将中方愿以此为指导方针处理对印关系的设想向当时的印度总理尼赫鲁做了汇报。尼赫鲁认为，中方提出的五项原则具有指导国家关系的普遍意义。

这次中印谈判持续了约四个月，谈判自始至终是在友好的融洽的气氛中进行的，但是，要从意见分歧谈到达成一致，有时双方有交锋也是难免的。此次谈判之所以成功，就是因为有五项原则作为指导方针。章汉夫副部长第一次发言就开宗明义，提出首先要解决此次谈判的原则问题，并重申了周恩来总理提出的五项原则。印方团长赖嘉文大使立即回应说，尼赫鲁总理的意见也是这样的。这样，双方达成一致，在和平共处五项原则之下举行这次谈判，解决业已成熟的、悬而未决的问题。以章汉夫为首的中方代表团始终坚持以双方同意的五项原则作为谈判的准则。在涉及中国主权问题上坚持原则，例如，印方提出，印度商人与当地居民发生纠纷，由中国西藏地方官员与印度商务代理共同会审。对此，中方严正指出，这是破坏中国司法主权，中方不能同意。中方还明确表示，不同意印度商人携带武器，中方也不提同样要求。在不损害主权的问题上，根据平等互利的原则做灵活处理，例如，在双方开放贸易市场问题上，印方不愿意用"同等数目"的提法，中方同意改为"在平等互惠基础上"。经过反复协商，谈出了双方满意的结果。1954年4月29日发表了联合公报，双方签署了《中华人民共和国和印度共和国关于在中国西藏地方和印度之间的通商和交通协定》，将和平共处五项原则写入序言。这是和平共处五项原则第一次写入正式的国际文件。6月3日，中国政府批准了上述协定。同日，印度政府也批准了该协定。这样，和平共处五项原则以国际条约的形式固定下来。中印双方均高度评价这一协定。协定公布后，中印两国总理互相致电祝贺。周恩来总理的贺电说，这一协定的签订不仅将进一步加强中印两国人民的友谊，并且充分证明，只要各国共同遵守和平共处五项原则，采取协商方式，国际间存在着的任何问题均可获得合理解决。尼赫鲁总理的贺电说，基于和平共处五项原则而缔结的这一协定加强并巩固了印中两国的友谊。两国舆论对中印谈判的成功和协定的签订表示欢迎和积极评价。我国《人民日报》发表社论，高度评价中印协定，以及和平共处五项原则的重大意义。社论还对印度方面最终同意放弃在中国西藏的特权的友好态度也给予积极评价，认为"印度政府这种尊重中国主权的措施是符合中印两国人民共同利益和传统友谊的"。印度主要报纸如《印度时报》《印度斯坦时报》《政治家报》等均刊登了中印签订协定的详细报道，并突出双方倡导和平共处五项原则的精神。

1954年6月，周恩来总理访问了印度和缅甸。6月28日发表的中印两国总理联合声明第三条说："最近中国和印度曾经达成一项协议。在这一协议中，它们规定了指导两国之间关系的某些原则。这些原则是：甲、互相尊重领土主权；乙、互不侵犯；丙、互不干涉内政；丁、平等互利；戊、和平共处。两国总理重申这些原则，并且感到在他们与亚洲以及世界其他国家的关系中也应该适用这些原则。"在声明中，和平共处五项原则中最初的"平等互惠"被修改为"平等互利"。声明指出："在亚洲及世界各地存在着不同的社会制度和政治制度。然而，如果接受上述各项原则并按照这些原则办事，任何一国又都不干涉另一国，这些差别就不应成为和平的障碍或造成冲突。有关各国中每一个国家的领土主权和互不侵犯有了保证，这些国家就能和平共处并相互友好。"6月29日，中缅两国总理发表联合声明，重申了中印达成的五项原则，两国总理同意这些原则也应该是指导中国和缅甸之间关系的原则。中印、中缅联合声明只相隔一天。因此，人们也常说中国、印度、缅甸共同倡导了和平共处五项原则。

## 第三节　和平共处五项原则的完善

新中国成立后，由于以美国为首的西方国家的敌视，尤其是美国积极推行的遏制政策，以及中国自己的外交方针和世界格局理论的影响等各种原因，要开辟新的外交空间，树立良好的新中国形象都面临着现实的困难。和平共处五项原则作为解决国与国之间关系的基本准则，在提出之后被中国政府付诸实践，并在实践过程中进行完善和发展。和平共处五项原则也因此成为经过漫长的历史考验、历久弥坚的重要国际关系准则。

1954年4月召开的日内瓦会议成为和平共处五项原则的关键性实践，新中国第一次以其鲜明而独立的和平形象令人瞩目地出现在国际舞台上。日内瓦会议上，在讨论朝鲜问题之后，

5月8日开始讨论印度支那问题。6月，周恩来总理在会议休会期间应邀访问印度和缅甸，三国领导人自然要讨论印支问题。中印联合声明中说："两国总理特别希望在对印度支那问题的解决中，适用这些原则。"采纳上述各项原则，将有助于创造一个和平的地区，这一地区可以扩大，从而减少战争的可能，并加强全世界的和平事业。越南民主共和国主席胡志明发表谈话说，中印、中缅两个声明，有助于亚洲的和平与世界的和平。他明确指出，和平共处五项原则"也适用于印度支那问题的解决"。周恩来率领中国代表团出席由五大国外长参加的日内瓦会议，标志着中华人民共和国第一次以世界大国之一的身份，与各大国一起协商重大国际问题，并做出了自己的贡献，得到了世界舆论的广泛赞扬。中国代表团高举和平共处五项原则的旗帜，与印度、越南以及当时的苏联等国代表团合作，促成了印支问题的解决。周恩来在7月21日会议上的发言中强调指出：世界上赞成和平共处的国家越来越多。任何制造分裂、组织对立的军事集团的实力政策，都是不得人心的。亚洲人民所要求的决不是分裂和对立，而是和平和合作。为了维护亚洲的集体和平，我们认为，亚洲国家彼此之间应该根据互相尊重领土主权、互不侵犯、互不干涉内政、平等互利、和平共处的原则进行协商和合作。他还指出，亚洲和世界舆论对中印、中缅联合声明的支持，充分证明巩固亚洲和平的前途是光明的。印度支那的停战，既巩固了中国南部边陲的安全，也使国际形势得到进一步缓和，为亚洲和世界的和平做出了可贵的贡献。新生的和平共处五项原则与新中国和平的形象一起给世界各国留下了良好的印象，而以周恩来总理为首的中国代表团更以其杰出的外交活动和卓有成效的外交工作，使国际社会第一次认识了新中国对国际事务的参与能力，在国际多边外交舞台上为新中国初步树立起良好的形象。

日内瓦会议的成功既是对和平共处五项原则的肯定，也极大地鼓舞了致力于谋求地区和世界和平的中国领导人。中国开始在和平共处五项原则的基础上大力开展对亚洲国家的睦邻友好外交，相继提出并不断解决与周边国家如边界划分、侨民国籍等各类问题，展开了一系列友好协商、互谅互让的谈判。和平共处五项原则受到越来越多的国家的赞同与支持，中国的和平形象也日益受到肯定。

在1955年4月举行的亚非会议上，和平共处五项原则再一次得到了发扬光大，亚非会议也成为和平共处五项原则发展史上的里程碑，再一次为新中国提供了一个重要的外交舞台。

亚非会议的情况比日内瓦会议更为复杂，29个与会国中，只有中国和越南民主共和国是共产党执政的国家，并且中国只同其中6国有外交关系，许多国家与中国素无往来，互不了解。有的国家由于长期受西方大国的压迫和欺侮，对大国有一种自然的恐惧感；有的国家与中国接壤，怀疑中国有领土"野心"；还有的国家在华侨问题上对中国忧心忡忡；再加上社会制度、意识形态的不同，对共产主义的偏见，对中国在朝鲜战争、台湾问题政策上的误解，以及受美国的影响和利用，他们对中国的态度或者冷漠，或者疏远，或者敌视，分歧和斗争将不可避免。当时的美国政府反对召开没有西方国家参加的会议，更反对新中国参加这一会议。他们使用种种伎俩破坏亚非会议，甚至利用"克什米尔公主号"飞机爆炸事件，企图以此阻挠中国代表团出席会议。这些阴谋失败后，他们又想方设法对会议进行干扰，企图把会议引向"反苏、反华、反共"的邪路，偏离原定的会议宗旨。有少数国家的代表发表了反对和平共处，渲染"共产主义颠覆活动"的言论，有意向中国代表团挑衅。这样就使会议陷于分歧和僵局。而中国代表团却在分歧中找到了求同的基础，即亚非人民相似的历史经历，相近的经济基础，共同的政治利益以及保障世界和平、争取和维护民族独立的共同愿望等，这一基础"使亚非各国人民容易互相了解，并在长期以来就深切的互相同情和关怀"，使亚非各国的相互合作与交流有现实的可能，能就共同的问题和愿望达成一致的协议。

周恩来总理以卓越的智慧才能、高超的外交艺术和以理服人的真诚态度，力挽狂澜，使会议回到了正确的轨道。周恩来在4月19日的发言中重申了以和平共处五项原则为基础，通过协商解决国际争端的主张；中国愿以严格遵守这些原则作为同亚非其他国家建立正常关系的基础。亚非会议上周恩来总理在发言中，把和平共处五项原则中的原来"互相尊重领土主权"改为现在的"互相尊重主权和领土完整"。针对会议出现的尖锐分歧和对新中国的误解，周恩来提出了著名的"求同存异"的原则。他说，中国代表团"是来求团结而不是来吵架的"，"是来求同而不是来立异的"。求同的基础，就是"亚非绝大多数国家和人民自近代以来都曾经受过、并且现在仍在受着殖民主义所造成的灾难和痛苦"。他又指出，二次大战后，亚非两洲兴起了许多独立国家，一类是共产党领导的国家，另一类是民族主义者领导的国家，这两类社会制度不同的国家都是从殖民主义的统治下独立起来的，并且还在继续为完全独立而奋斗。"我们有什么理由不可以互相了解和尊重、互相同情和支持呢？五项原则完全可以成为在我们中间建立友好合作和亲善睦邻关系的基础。"中国代表团的求同存异精神，受到了广泛的称赞，和平共处五项原则得到了普遍的赞同，会议终于克服了种种破坏和干扰，就联合公报达成了一致。会议通过的关于促进世界和平和合作的宣言，列举了各国和平相处、友好合作的十项原则。中国代表团在讨论过程中，处处表现出求同存异的精神，周恩来表示："五项原则的写法可以加以修改，数目也可以增减，因为我们所寻求的是把我们的共同愿望肯定下来，以利于保障集体和平。"结果，"十项原则"虽然措辞与五项原则不完全相同，但包括了五项原则的内涵。可以说，这"十项原则"实际上是和平共处五项原则的引申和发展。

周恩来率领的中国代表团提出并坚持和平共处五项原则，坚持求同存异的方针，为亚非会议的成功做出了重要贡献，使亚非各国间尤其是中国与亚非国家间的误会、恐惧和疑虑得以减少，交流、了解和信任不断增加，促进了亚洲、非洲和平的发展。亚非会议的成功召开对和平共处五项原则的传播和推广起到了巨大的作用，五项原则的精神受到更多国家的赞同，更为中国赢得了极高的国际声誉，带来了良好的国家形象。中国代表团在会议中表现出的平等、友好态度，以及积极追求和平的诚意和行动，尤其是周恩来诚恳热情、通情达理、令人如沐春风的外交艺术，更使和平共处五项原则的魅力得以充分展现，受到了与会各国的一致肯定和赞扬。新中国和平友好的国家形象在亚非乃至世界树立起来了。

亚非会议之后，和平共处五项原则也逐步贯彻到中国与社会主义国家的国际交往中。1955年12月，以总理奥托·格罗提渥为首的德意志民主共和国政府代表团访华，以周恩来为首的中国政府代表团与其举行会谈，双方表示"将继续努力根据互相尊重领土完整和主权、互不侵犯、互不干涉内政、平等互利、和平共处的原则发展同其他国家的关系"。1956年的波兰事件中，中国提出用和平方式解决苏波分歧，并希望苏联领导人放弃大国沙文主义，同社会主义各国平等相处，尊重别国的主权和战略利益，向苏联提议对东欧各国的政治经济放手，让他们自己去搞；在军事上，也能征求他们的意见。苏联政府表示同意，1956年10月30日，苏联政府发表《关于发展和进一步加强苏联同其他社会主义国家的友谊和合作的基础的宣言》，明确表示今后将遵守互相尊重主权和平等互利原则处理与东欧国家的关系。11月1日，中国政府发表声明，肯定苏联的宣言是正确的，并指出："社会主义国家都是独立的主权国家，同时又是以社会主义的共同理想和无产阶级的国际主义精神团结在一起的。因此，社会主义国家的相互关系就更应该建立在和平共处五项原则的基础上。只有这样，社会主义国家才能够真正实现兄弟般的友好和团结，并且通过互助合作实现共同的经济高涨的愿望。"在处理社会主义国家间关系的问题上，中国因为坚持和平共处五项原则，捍卫各国的平等、独立，从而在波兰事件中赢得了社会主义兄弟国家的尊重。

但是，苏联的大国沙文主义及其同其他社会主义国家的不平等关系并未根本改变。1958年，苏联领导人从自己的战略需要出发，提出在中国建立长波电台和共组核潜艇舰队的要求，并对中国炮击金门横加指责，引起中国领导人的强烈不满。在中国已经取得独立以后，中国领导人绝不允许外国军队在中国驻扎，苏联的这一做法，首先伤害了中国的民族感情，也证实了中国领导人的一个判断：在苏联领导人的心目中，中国并没有取得平等的地位，它的主权独立和平等地位没有得到应有的尊重。此后，中苏两国的分歧日益明显，中国仍然既坚持原则，又坚持团结，捍卫了中国和中国共产党独立自主的地位。但是，苏联领导人，特别是赫鲁晓夫，对于中国采取的大国主义作风，以及在战略分歧发生后采取的高压政策，使无比珍视民族独立和平等的中国领导人尤其难以接受。中国共产党绝不接受父子党、父子国的关系，只有顶住霸权主义的压力，才能坚持和维护民族利益和国家利益，树立起独立自主的社会主义大国形象。邓小平后来说："一个党和由它领导的国家的对外政策，如果干涉别国内政，侵略、颠覆别的国家，那么，任何党都可以发表意见，进行指责。我们一直反对苏共老子党和大国沙文主义那一套。他们在对外关系上奉行的是霸权主义的路线和政策。""真正的实质问题是不平等，中国人感到受屈辱。"对毛泽东坚决维护民族独立、国家主权的精神和气概给予了充分肯定。

两国的分歧促使中国开始调整自己的战略，放弃了"一边倒"的外交政策，提出了团结广大的亚非拉国家，反对帝国主义、修正主义和各国反动派，推进世界革命的外交政策。和平共处五项原则中的主权完整与独立上升到了最重要的地位。与此同时，美国对社会主义国家继续推行"遏制"战略，以不断地削弱社会主义的力量和影响力。在中苏关系恶化的时候，美国所希望的是中苏同盟的破裂和由此带来的社会主义阵营的瓦解，因此，美国对华政策不仅并未因中苏分歧而有所松动，反而更加强硬。

20世纪60年代初，美国对中国的侵略威胁、内政干涉，外交敌视、经济封锁和和平演变的企图有增无减，特别是美国以中国为潜在敌手，介入越南战争并使之不断升级，频繁侵犯中国的领海领空，更直接威胁中国的国家安全。美国在东南亚不断扩大战争的同时，还企图在东北亚建立反共区域性组织，并在中印边界武装冲突中支持印度。面对美国的严重威胁，中国领导人和中国人民以一贯大无畏的精神予以坚决反击，在世界上塑造了一个独立自主、不信邪、不怕鬼的大国形象。毛泽东所展示的非凡胆识和魄力使这一形象更加坚实、丰满。对看似强大凶猛的帝国主义和一切反动派，毛泽东给予了战略的藐视，对社会主义的新中国充满信心。他认为，中国虽然现在力量比较弱，但是中国是社会主义国家，是新生事物，新生的总要壮大，总要战胜腐朽的，小的要变成大的，强的要让位给弱的，这是一个规律。在毛泽东看来，一切敌人、对手和困难，都属于"鬼"，只有不怕它，才能战胜它，克服它。毛泽东说："今天世界上鬼不少。西方世界有一大群鬼，就是帝国主义。在亚洲、非洲、拉丁美洲也有一大群鬼，就是帝国主义的走狗、反动派。""经验证明鬼是怕不得的。越怕鬼就越有鬼，不怕鬼就没有鬼了。"如何才能不怕呢？邓小平说得好："要维护我们独立自主、不信邪、不怕鬼的形象。我们绝不能示弱。你越怕，越示弱，人家劲头就越大。并不因为你软了人家就对你好一点，反倒是你软了人家看不起你。"

但是斗争并非目的，而只是追求目的的手段。和平是中国外交一直追求的目标，但和平不能依靠别人赐予，只有相互的平等、尊重才能有真正的和平共处。因此，以斗争求和平，为和平而斗争，这是毛泽东高举革命大旗，为建立公正合理的国际新秩序，为争取世界人民的平等与和平而斗争的动力和目标。他说："世界和平的取得，主要应当依靠各国人民的坚决斗争。""我们要维持世界和平，不要打世界大战。我们主张国与国之间不要用战争来解决问题。"

面对亚非第三世界国家的崛起，毛泽东通过对世界主要矛盾的分析和对战争可能性的预测，提出了"两个中间地带"的论断，为建立国际统一战线和最终形成"三个世界"的战略思想奠定了基础。60年代初期，面对两面夹击的严峻形势，毛泽东再次提出"两个中间地带"的思想，确立了利用矛盾、争取多数、孤立少数的策略方针，积极谋求建立反霸统一战线，号召社会主义国家、亚非拉国家和资本主义国家的人民联合起来，打倒帝、修、反。为了缓解中国周边的军事压力，争取有利的国际地位，在经过深思熟虑后，毛泽东果断地、带有突破性地放弃了传统的、以意识形态划分敌我的标准，突出美苏争夺世界霸权这一对主要矛盾，特别是突出苏联这个矛盾的主要方面，从而确立起全新的划分敌、我、友的标准，提出了著名的三个世界战略划分和我国永远不称霸的重要思想。随着形势的变化，毛泽东经过深思熟虑做出了富有远见和胆略的重大决策，毅然决定从打开中美关系的大门入手，实践他的国际战略思想。以毛泽东为首的中国领导人，采取灵活机动的措施，实现了中美关系的改善和中日建交，使影响世界的两极格局中，

出现了独立的一角，形成了一个关系微妙的中美苏大三角关

系，使中国的国际地位得到极大的提高，独立自主的中国形象

活跃在国际舞台。

# 第二章　和平共处五项原则的深刻内涵

　　和平共处五项原则，即互相尊重主权和领土完整，互不侵犯，互不干涉内政，平等互利，和平共处五项原则的总称。和平共处五项原则在措辞上曾经做出了修改：在中印、中缅联合声明中"平等互惠"改为平等互利。万隆会议上周恩来总理在发言中把"互相尊重领土主权"改为"互相尊重主权和领土完整"。

　　和平共处五项原则之所以被世界各国所接受，主要是因为它正确而深刻地反映了当代国际关系的现实，反映了世界各国人民的共同愿望和要求。和平共处五项原则中，前四项都用了"互"字，第五项用了"共"字，体现并坚持了国家间双边关系中权利和义务的统一、平等和一致性，体现并坚持了当代国际关系中各国地位的平等性，有利于世界的和平与发展，有利于公正合理的国际新秩序的建立。

## 第一节　和平共处五项原则的基本内容

互相尊重主权和领土完整，是两个互相联系和不可分割的概念，是和平共处五项原则的根本，指一个国家有权按照自己的意志，独立自主地解决其内部和外部事务而不受他国干涉的权利；当受到他国侵犯时，有权采取措施捍卫自己的独立。这是一切国家生存和发展的前提必要条件，也是各国之间发展相互关系的必要条件。接下来的三项原则既是第一项原则的延伸，又是其保证。互不干涉内政是直接由国家主权原则引申出来的，既然各国的主权应该受到尊重，各国人民就有自由选择国家制度和生活方式的权利，别国不能以任何借口、任何手段干涉，更不能强迫他国接受本国的意识形态、社会制度等。这是各国之间和平共处的基本条件。平等互利，包括平等和互利两个方面，是发展各国之间的经济、政治、文化关系所必须遵循的原则。只有在真正平等的原则下进行交往，才能谈得上互利，而互利本身也是平等的表现。和平共处实质上就是前四项原则的结论。真正实现了互相尊重主权和领土完整，互不侵犯，互不干涉内政、平等互利，就可以排除各国之间的敌对、冲突和战争，可以保证各国之间通过对话解决争端，实现合作，竞争相处，共同发展。

## 一、互相尊重主权和领土完整

在和平共处五项原则中，这项原则包括国家主权原则和领土完整原则两项内容。和平共处五项原则把二者结合在一起，概括为互相尊重主权和领土完整。

主权是国家所固有的权力，是国家最重要的属性，是国家的灵魂。就外交关系来说，主权就是国家的独立权。国家主权原则是指任何国家都有独立自主地决定本国政治、经济、社会及文化制度的权利，任何国家和国际组织都不得以任何借口并以任何方式进行干涉。国家关系应互相尊重主权，这是维护国家独立自主的重要条件，是国家间合作和交往的基础。互相尊重主权就是在双边关系中互相尊重对方的对内最高权、对外独立权和防止侵略的自卫权，这是发展国家关系的最起码的要求。联合国大会1974年12月12日通过的《各国经济权利和义务宪章》规定："各国根据其人民的意志，有选择其政治、社会和文化制度以及经济制度的主权和不可剥夺的权利，不受不论任何形式的外来干预、压制或威胁。"这一规定与互相尊重主权原则是完全一致的。

领土完整原则是指国家对其领土（包括领海、领空）拥有所有权和管辖权，它是国家主权的基本内容之一。互相尊重领土完整，就是指国家的领土主权不可侵犯，即国家领土不受蚕食、吞并、肢解和侵占。国家主权与领土完整是统一的，领土完整是国家主权的重要内容和重要组成部分。互相尊重国家主权，才能保证领土完整；维护国家的领土完整，才能真正维护国家主权。因此，在处理双边关系中，尊重双方的主权首先应尊重其领土完整权。此外，还要互相尊重外交权、管辖权、自卫权等。因为一国虽然没有侵犯对方的领土完整权，但侵犯了上述其他方面的权利，也是侵犯别国主权的行为。诸如危地马拉、尼加拉瓜等国在联合国大会提出的所谓"台湾在联合国的代表权"问题，就是对我国国家主权和领土完整的侵犯，是对我国内政的粗暴干涉。由此可见，互相尊重主权和领土完整，是处理国家关系的原则中最基本的一项原则，是和平共处五项原则的基础，只有坚持这一原则，才能实现其他原则。

## 二、互不侵犯原则

互不侵犯原则是由互相尊重主权和领土完整原则派生出来的一项处理国家关系的基本原则。互不侵犯是指在国际关系中国家之间可能发生的一切争端，不论其性质或起因如何，都只能以和平的方式解决，而不能诉诸武力。任何国家不能以任何借口使用武力或武力威胁以及其他方式侵犯别国的主权、领土完整和政治独立。

坚持互不侵犯原则首要的是消除侵略战争。一个国家使用武力侵犯另一个国家的主权、领土完整和政治独立，或者使用武力轰炸、袭击另一个国家，吞并或占领另一个国家的领土或一部分领土，或者使用武力封锁另一个国家的海防、空防，攻击另一个国家的陆海空部队以及商船、民航机，乃至一国以其领土供另一国对第三国使用武力，都属于侵略行为，都是违背互不侵犯原则的。

互不侵犯原则是坚持互相尊重主权和领土完整原则的基本要求和具体体现。只有恪守互不侵犯原则，才能实现互相尊重主权和领土完整，达到和平共处的目标。但是，殖民地人民为了争取民族独立和民族解放而武装反抗殖民统治，或者被侵略国家武装抵御外来侵略，则是捍卫国家主权和领土完整的行为，不能视为违反互不侵犯原则。

## 三、互不干涉内政原则

互不干涉内政是指任何国家不得通过政治、经济、军事、文化等手段干涉别国内部事务。各国人民有权自己选择政治、经济制度和意识形态，任何国家不得以任何借口强迫别国接受自己的政治、经济制度、价值观念和发展模式，不得组织、鼓励和怂恿旨在推翻别国政权的颠覆和恐怖活动。内政的内容极为广泛，凡在本质上属于一国国内管辖的事件，均在内政之列。即使在国境以外，例如驶抵别国的轮船、飞机内发生的行为，如果属于国内管辖，也应该属于内政的范围。

不干涉内政原则与国家主权理论紧密相关，也是国家主权原则发展的必然产物。一个国家的主权不仅是各国管理国内事务的最高权力，同时也是其对外交往的合法权利和独立、平等的身份。因而，不干涉内政原则是主权原则发展的题中应有之义。对此，中国著名国际法学家周鲠生教授曾经精辟地指出，

"主权原则是国际法最重要的基本原则，按照公认的国际法的这一基本原则，首先，国家各自根据主权行事，不接受任何其他权威的命令强制，也不容许外来的干涉"。国际知名学者、美国哈佛大学教授约瑟夫·奈也曾在其《理解国际冲突：理论与历史》一书中提到，"主权和不干涉是保证在无政府世界体系中存在着秩序的两个基本原则"。

最早提出不干涉内政原则的是1793年的法国宪法。该宪法规定，法国人民不干涉其他国家的内政，也不允许其他国家干涉法国的内政。这一规定逐渐为世界各国所接受。1954年中、印、缅三国共同倡导的和平共处五项原则将"不干涉内政"补充为"互不干涉内政"，表明在国际关系特别是在双边关系中权利和义务的一致性。将权利和义务统一于一项原则中，是对不干涉内政原则的发展。

互不干涉内政原则要求，任何国家都有自主地选择本国的政治制度、经济制度、社会文化制度的权利，任何其他国家不得以政治、经济或其他方式，强迫他国屈从于自己的意志；任何国家不得以任何借口直接或间接干预他国的国内事务和外交事务，既不允许武装干涉，也不允许政治干涉、经济干涉、文化干涉乃至人权干涉；任何国家不得组织、协助、煽动、资助目的在于颠覆别国合法政府的组织或活动。

不干涉内政原则是一项公认的国际法基本原则，这一原则为一系列的国际条约和联合国决议所确定和体现。国际法上的不干涉内政原则是指国家（也包括国际组织）在其相互交往中不得以任何借口和任何方式直接或间接地干涉在本质上属于任何国家国内管辖之事件。但是，如果依据国家间平等的合法条约或应别国政府的请求，援助遭受侵略的国家，这是履行正当的国际义务，既不是侵犯别国的主权和领土完整，也不是干涉他国内政。联合国安理会根据《联合国宪章》的宗旨和原则，采取经济、政治、外交或军事制裁的行动来反对侵略，派出维持和平部队协助缓和动乱地区的紧张局势，并将敌对双方的军队隔离开来，均不属于干涉他国内政的行为。至于某些资本主义国家借保护人权之名而行干涉他国内政之实的行为，则是必须坚决反对的。

不干涉内政原则是中国对外政策的基本原则之一。从和平共处五项原则中"互不干涉内政"的表述中可以看出，中国对外政策中的不干涉内政原则尤其强调"互相"尊重和维护各国在本国主权管辖范围内所享有的不受外来干扰和约束的行为权力。具体而言，"互不干涉内政"可以划分为三个层面：（一）其他任何国家和势力不得干涉中国的内政；（二）中国不干涉其他国家的内政；（三）国际上任何国家和势力不得干涉其他国家的内政。其中，第一个层面是出于中国的自我保护的需要，涉及中国对自身的主权关切，是国家核心利益之所在；而后两个层面则是出于中国的自我实现的需要，体现着中国对于维持国际社会秩序、维护国际和平与安全的国际责任的承担，以及实现各国和谐共处、构建和谐世界的理念倡导。

互不干涉内政是处理国际关系的基本要求。坚持互不干涉内政原则，才能真正尊重他国的主权，才能实现平等互利、和平共处的目标。干涉他国内政，是对他国主权的侵犯，是对正常国际关系的破坏。

## 四、平等互利原则

平等互利原则包括平等原则和互利原则，因为二者彼此联系，相互补充，平等是互利的前提和基础，互利是平等的必然结果。只有真正实现国家平等，才能真正实现国家间的互利互惠；只有真正实现互利，才能体现国家平等。

平等权主要表现为国家主权平等，即国家不分大小强弱、贫富和社会政治、经济制度如何，一律享有平等的国际地位与权利。它要求国家间平等相处，真诚相待，不以大欺小，以强凌弱、以富压贫。互利则是指国家间在政治关系和经济、科技、文化交往中，任何一方不得以损害和牺牲对方的利益来实现自己的目的，而应兼顾双方的合法利益。

当今世界由于现代化生产力和商品经济的发展，国家间的经济联系和互相依赖达到前所未有的程度，这更要求国家间在国际经济、科技和文化交往中，都应一律平等、公正，互利合作。而霸权主义、强权政治、新殖民主义动辄以最惠国待遇要挟别的国家，以"超级301"条款报复别的国家，以域外立法遏制别的国家，以经济技术援助诱压别的国家，都是完全违背平等互利原则的，是对该原则的践踏和破坏。

我国政府在处理对外关系时，一贯坚持平等互利的原则。1963年底，周恩来总理访问非洲时阐述了我国对外经济援助坚持以平等互利为基础的八项原则，改革开放以来我国又提出了"平等互利，讲求实效，形式多样，共同发展"的对外经济技术合作四项原则。这些原则体现了我国政府以和平共处五项原则为基础处理国家关系的基本政策，也是对平等互利原则在对外经济技术交往中的具体阐发，是建立新型对外关系的典范。

## 五、和平共处原则

和平共处是指在社会制度不同的国家或在社会制度相同的国家之间，用和平的方式解决国家间的一切争端和分歧，在平等互利的基础上发展国家之间的政治、经济和文化关系，国家间和睦相处，密切合作，共同发展。

和平共处是和平共处五项原则的根本目标，实现这一目标的前提条件是坚持前述四项基本原则，特别是在社会主义制度与资本主义制度充满斗争与合作的复杂关系的当今时代，只有坚持任何国家都有权根据本国国情选择自己的政治、经济和社会制度，世界各国特别是大国恪守不干涉他国内政的原则，国家之间才能互相尊重、求同存异、和睦相处、平等相待、互利合作，国际争端通过和平方式合理解决，而不诉诸武力或以武力相威胁，各国不论大小强弱、贫富，都有权平等地参与协商解决国际事务，和平共处才能真正实现。

和平共处五项原则是一个相互联系、相辅相成、不可分割的整体。互相尊重主权和领土完整、互不侵犯、互不干涉内政这三项是处理各国政治关系的最基本的行为准则。主权是指一个国家按照自己的意志独立自主地处理内部和外部一切事务而不受其他国家干涉的权利，是国家的根本属性和独立的根本标志。主权国家有选择本国社会政治制度、独立自主地决定本国对内对外政策、管辖本国公民及事务的权利。领土完整则是主权国家存在的物质基础。各国主权一律平等，应充分享有领土不受侵犯、内政不被干涉的权利。平等互利则是指导各国经济、贸易关系的基本原则。各国应在平等的基础上，开展经济合作和贸易交流，互惠互利。和平共处是目标，而前四项原则是实现和平共处的根本基础和前提条件。只有遵循前四项，才能实现和平共处。和平共处五项原则符合《联合国宪章》的宗旨和原则，高度地概括了国际关系的基本准则。

## 第二节　和平共处五项原则的主要特点

从和平共处五项原则的内容、含义以及其力争实现的目标可以看出，和平共处五项原则强调的是互相尊重主权、互不干涉内政和平等互利两个方面的内容。这充分反映了新中国在"战争与革命"的特殊历史背景下，坚持独立自主，敢于斗争、勇于斗争，以斗争求和平，为和平而斗争，坚决捍卫和平的决心和勇气。随着和平共处五项原则的正式确立和应用发展，在新中国第一代领导人的努力下，新生的中华人民共和国也在此基础上逐步树立了独立、和平的新中国形象。

和平共处五项原则规定了新中国处理对外关系的三大价值取向和基本目标：以和平为最高目标；以平等为基本准则；以互利为基本要求。这五项原则为中国外交战略和政策的制定，指明了方向，规定了性质。

## 一、以和平为最高目标

中国之所以提出并积极倡导和平共处五项原则，选择和平发展的道路，这是由中华民族的根本利益决定的，是中国社会主义国家性质决定的，是中国的文化传统和历史遭遇的必然要求，也是由时代发展潮流决定的。

中华民族是伟大的民族，创造了灿烂的中华文化，对人类文明做出了重要贡献。中国传统哲学所强调的"中庸"、平和，以及"正人先正己"，"己所不欲，勿施于人"的文化传统铸造了一个和平的文明大国形象。国际关系史长期以来充满弱肉强食现象，经受了百年屈辱的中国正是国际强权政治的受害者。进入近代以来，由于清王朝的封建统治和帝国主义国家的侵略与掠夺，中国的发展受到极大阻碍和破坏，中华民族历经磨难。中国对外来干涉有着沉痛记忆，不期望被其他国家干涉。从1840年第一次鸦片战争直到1949年新中国成立，中国人民为了摆脱半殖民地半封建社会的地位，进行了长达一个世纪之久的艰苦斗争。中国的国家统一大业迄今尚未真正完成。"己所不欲，勿施于人"，坚持互不干涉内政原则首先是出于不被他国干涉自身内政的愿望和需要。

新中国确立和平共处五项原则，就是要从根本上改变在利益关系上国际强权的极端不合理状况，坚决反对以强凌弱、侵犯别国领土主权等核心利益的强权政治。中国人民爱好和平，十分珍惜自己来之不易的独立自主权利，绝不愿意再回到过去任人摆布的屈辱地位，也绝不会把任何其他民族置于我们过去那样的悲惨境地。

社会主义制度在中国的建立，既消除了我国屈从外国侵略、奴役的社会根源，也消除了我国对外侵略的社会根源。社会主义在本质上是主张和平的。和平共处的外交准则与世界上第一个社会主义国家相伴而生，列宁提出的和平共处的思想是对近代以来世界强权政治的根本性否定。中国是坚持马克思主义和毛泽东思想基本原则的社会主义国家，这就决定了中国的外交政策是以反对强权政治、霸权主义，维护世界和平为根本目标的。

和平共处五项原则从酝酿到确立，给新中国的外交政策带来了明显而有益的变化，也使中国和平的国家形象逐步树立起来。正如中印两国总理在联合声明中所指出的："如果这些原则不仅适用于各国之间，而且适用于一般国际关系之中，它们将形成和平和安全的坚固基础，而现实存在的恐惧和疑虑，则将为信任感所代替。"随着和平共处五项原则在世界范围的传播，从亚洲到非洲，从亚非到欧美，越来越多的国家认识并认可了和平共处五项原则，对中国和平的国家形象的了解也在日益深入。因此，坚持和平共处五项原则，源于中国人民共同的真诚愿望，也是和平共处五项原则在世界范围不断推广应用的客观结果。

20世纪60年代，带有严重"左"倾色彩的外交战略曾经偏离了和平共处五项原则的正确轨道，使中国外交形成了极其被动的局面。"一条线"战略和"三个世界"划分理论的提出，表明毛泽东的外交战略开始摆脱"左"倾错误的束缚，努力超越意识形态的局限，在很大程度上重新回到和平共处五项原则的正确轨道上来，因而打开了中国外交的新局面。

改革开放之后，和平发展，就是要营造一个良好的周边环境与国际环境，在安全、稳定的条件下加速社会经济发展；就是要本着崇高的以人为本的和平目的，造福于中华民族，造福于全人类；就是要采取和平的方式并经过和平的途径，全面建设小康社会，避免来自内外的冲突和对抗；就是要维护世界和平与稳定，促进人类发展与进步，亦即我国几代领导人所倡导的中国应当对于人类有较大的贡献。

## 二、以平等为基本准则

平等的观念是实现国际关系民主化和法制化的基础。国家有大小、贫富、强弱的不同，但在法律上是平等的，都有权平等参与国际事务。民主与平等原则，应在国际关系中加以提倡和履行。和平共处五项原则之所以具有生命力和可行性，是因为它超越了政治制度和意识形态的界线，从承认每个国家一律平等出发来考虑国家关系。其基本内涵是每个国家既有维护自身利益的权利，又有不侵害他国利益的义务，权利与义务对等。因此，和平共处五项原则反映了大多数国家特别是中小国家的愿望，有了广大中小国家的支持，它就能长期地发挥影响，并取得国际法理上的地位。

新中国成立之初，国际交往范围狭窄，周恩来总理提出和平共处五项原则，改变了外部世界对社会主义中国的认识，它首先就使中国与亚洲邻国的关系产生了突破性进展。中国的亚洲邻国大都是中小国家，政治制度和意识形态也与中国大相径庭，它们担心中国会实行扩张主义，谋求地区霸权，因此对中国存在种种疑惧和不满。

1954年日内瓦会议期间，周恩来总理首次出访缅甸，6月28日到达仰光。对于这样一个“共产主义大国”的总理，缅甸总理吴努不知如何接待才既不失礼，又能讲出自己郁积已久的心里话。当他发现周恩来对接待工作很满意，又平易近人、和蔼可亲，丝毫没有“大国架子”时，才一改当初拘谨的态度，坦诚地"把心里的话说出来"。吴努在会谈中谈到,缅甸人口只及中国的云南省,缅政府一直担心中国对缅甸有领土野心,因而十分恐惧。为不使客人见怪,他接着马上声明自己所讲的某些话只是一种"友好的埋怨"。周恩来耐心地听了吴努的讲话后,首先感谢缅甸在联合国支持中国,称赞缅甸拒绝接受美援,反对美国在缅建立军事基地的做法。接着又说:我们的立国政策就是把自己国家搞好,没有领土野心。根据中国共产党的经验,革命是不能输出的,输出必败。吴努非常满意地说:"阁下这次来访,起了很大的作用,消除了缅甸人民对中国抱有的恐惧的相当大部分。"当年12月,吴努回访中国,在北京饭店宴会上以诙谐幽默的方式笑谈中缅关系,他说:"中国好比大象,缅甸好比羔羊,大象会不会发怒,无疑会使羔羊常常提心吊胆。""但是又自信是蚂蚁虽小,也会爬到大象的鼻孔里,咬其柔软部分,使大象感到麻烦不安!"这席话引起哄堂大笑,活现出一个小国对大国的复杂心态。当毛泽东接见他时,他再次表示:"很坦率地讲,我们对大国是很恐惧的。但是周恩来总理访问缅甸以后,大大消除了缅甸人的这种恐惧。"1955年4月亚非会议上,周恩来以诚恳的态度倡导和平共处五项原则，承诺中国不搞大国沙文主义，打动了它的亚洲听众。除少数国家还要等一等、看一看外，其他国家都开始相信中国奉行和平外交政策，不再把中国看成一个敌人或一种威胁。于是，柬埔寨、老挝、缅甸、尼泊尔、印尼、巴基斯坦等国的首脑接踵而至地访问中国，希望在和平共处五项原则的基础上同中国发展友好合作关系。1956年，周恩来对这些国家进行回访，受到无以复加的隆重欢迎，人们像对待一位和平的天使一样来一睹他的风采。缅甸总理吴巴瑞称赞周恩来说："周恩来总理以他的风度、礼貌、殷勤和对我国福利的无微不至的关怀，说明他是我们这一时代的第一号胞波。"日本前外相小坂善太郎指出："人们常常说周恩来总理是位实干的天才政治家，我却认为他的思想是天才的。1955年亚非会议时提出的'和平共处五项原则''中国和第三世界一道前进''中国不做超级大国''反对霸权和霸权主义'，这样一些天才的思想，是从1840年鸦片战争以来，在一个多世纪的漫长岁月里，遭受帝国主义欺凌，在贫困中挣扎的中国的痛苦经历中凝聚起来的哲学，同时也是创造今后世界和平的新的哲学。"

和平共处五项原则不仅适用于不同社会制度的国家之

间，而且也适用于相同社会制度的国家包括社会主义国家之间的关系。周恩来强调，社会主义国家在战略上要联合一致，但国与国之间在政治上不能没有区别，在战术上不能没有批评，任何国家都不能凌驾于其他国家之上，干涉他国的内政。坚持互不干涉内政原则是中国外交的一项基本原则和优良传统，受到国际社会特别是中小发展中国家的广泛欢迎。中国不仅自己坚持互不干涉内政原则，而且反对别国干涉非洲及其他国家的内部事务，在国际舞台上为广大发展中国家仗义执言。正因如此，坚持互不干涉内政原则已成为中国外交的"魅力攻势"和软实力的重要来源。

进入新世纪，中国提出推动建设和谐世界的远大目标，其核心也是坚持以国家平等为基础的和平共处五项原则。只有坚持平等原则，才能在国际关系中弘扬民主、和睦、协作、互赢精神，才能在政治上相互尊重、平等协商，共同推进国际关系民主化。

## 三、以互利为基本要求

互利是平等的必然结果。在国际私法当中，主体在法律地位上是平等的，经济上是互利的，它要求在处理涉外民事关系的时候，应从有利于发展国家间平等互利的经济交往关系出发。因此，平等互利是国与国之间处理对外关系时必须遵守的共同原则。

和平共处五项原则，要求我们顺应国际社会发展的客观要求，互相尊重对方的国家利益，在实现自身发展的同时，为对方的发展创造条件，实现共同繁荣。

中国的独立自主外交政策不仅顾及本国利益，同时兼顾别国的利益，在对外交往中国家不论大小、强弱、贫富，都是国际社会的一员，应相互尊重，平等相待，一视同仁，与世界各国共同发展，因此，互利即意味着"相互尊重、平等互利、共同发展"。

在世界大国当中，没有哪个国家像中国这样与周边国家存在如此之深的历史恩怨和现实纠葛，邻国对中国发展强大后将在亚洲发挥什么作用有疑虑、有恐惧，这是完全正常的。中国首先是亚洲的中国，然后才是世界的中国。一个良好、顺畅的周边环境是中国在世界上安身立命的根本，一个有所作为的周边外交是中国在世界上发挥更大作用的前提。反向而言，一个不能妥善处理与邻国争端问题、不能有效稳定周边秩序、不能带动周边国家与自己一道成长的中国，难以实现真正的崛起。以上任务对中国这样一个不得不面对世界上最为复杂的周边环境的大国来说，尤为艰巨，是历史和现实留下的命题。消除邻国的疑虑和恐惧，靠耐心坦诚的对话沟通、互利共赢的合作实践，也要靠中国与周边国家谈合作时不能丢掉的谦和作风。沾染大国沙文主义习气，抛弃相互尊重、协商一致、互不干涉原则，将使中国失去周边国家的心。

十一届三中全会以来，改革开放路线的确定，加速了中国的现代化建设，使中国的发展融入国际社会，也对中国对外工作转变思路具有十分重要的意义。首先，对外开放战略的稳步实施使人们从根本上改变了闭关自守、故步自封的保守心态，从而加快了同世界潮流融合的速度。中国同外部世界的关系日益紧密，促进了世界对中国的认识，而这不仅对亚洲和太平洋地区的安全和稳定具有重要意义，而且对整个世界的稳定也具有巨大的积极作用和影响。其次，中国的改革开放，有利于中国和世界面对新的国际形势，重新考虑新的共同利益基础。由于中国进一步对外开放局面的形成，使中国在寻找和确定这种利益基础方面，更加希望把中国对外合作关系更加深入地引入互利互惠的轨道。而世界大国在明显的经济利益的吸引下，对中国加快改革开放的步伐持肯定和欣赏态度。这使得中国与世界大国的关系保持了合作发展的势头。

在中国奉行开放战略的同时，"互利共赢"每每被特别强调。党的十八大报告郑重指出："中国将始终不渝奉行互利共赢的开放战略。""互利共赢"这四个字反映了中国对外开放的新理念和新思维。在国家间相互依存度不断加深，需要国际合作面对和解决的问题日益增多的国际大背景下，在互利共赢理念的指引下，中国外交大力推进区域和次区域合作取得重大成就。中国积极参与打击恐怖主义、应对国际金融危机和气候变化等国际多边合作与机制建设，博得国际社会广泛认可。1997年东亚金融危机爆发后，中国政府曾通过扩大内需促进经济增长，坚持人民币不贬值，充分体现出中国的负责任和建设性大国形象。进入新世纪以来，随着本国外汇储备的日益增多，出口贸易强劲，国际社会要求人民币升值的呼声日益加强。中国政府认真听取了国际社会意见，适时启动人民币汇率机制改革，既维护了本国经济健康稳定，也促进了中外经济关系的平衡发展。在互利共赢的开放战略引领下，一个更加开放和高速发展的中国会使世界局势更加稳定，使世界和平更有保障。

总之，和平共处五项原则以主权国家一律平等为根本出发点，高度概括了国际关系首先是双边关系中必须遵守的基本原则。和平共处五项原则是一个相辅相成、不可分割的有机整体，互相尊重主权和领土完整是和平共处五项原则的基础；互不侵犯，互不干涉内政是各国和平共处的保证；平等互利，和平共处是五项原则的目标。五项原则反映了世界各国人民争取和平和发展经济的共同愿望，是当今国际社会公认的处理国际关系的基本准则。真正遵守和平共处五项原则，不论是社会制度、意识形态和价值观念相同的国家，还是社会制度、意识形态和价值观念不同的国家，都可以建立起相互信任、相互尊重、平等互利、和平共处的友好合作关系。因此，这五项原则为建立和发展崭新的国际关系，为建立和平、稳定、公正合理的国家政治新秩序和相互尊重主权、平等互利、发展民族经济的国际经济新秩序奠定了基础。

# 第三章 和平共处五项原则与中国传统文化

中国的和平共处五项原则之所以是中国特色的，正因为它是社会主义的原则、西方的国际法精义与中国传统文化相结合的产物。中国自古以来就有不干涉别国内政的思维传统和历史习惯，崇尚协和万邦、包容共生。中国的文化哲学对文化的多样性、政治制度的多样性具有很强的包容性。这与西方以"上帝选民"的身份充当救世主的文化，有很大不同。新中国领导人在坚决捍卫主权独立、国家安全的同时，也为达到内心真诚的和平愿望而付出了不懈的努力，在世界民族之林树立起和平的新中国形象。

中国的传统文化理念中，以家庭、家族、民族、群体为本位，重群体、轻个人，重大我、轻小我，换言之，就是强调社会价值和个人价值的统一，个人价值要在社会价值中实现，而群体意识是要以和为基础的。中国人"四海之内皆兄弟"的观念根深蒂固。中华民族酷爱和平，早在两千多年前，思想家们就提出过"协和万邦"，"天下一家"的思想。

## 第一节　"和合文化"与国际秩序

"和合文化"是中华文化的精华。所谓和合的和，是指和谐、和平、祥和；合即合作、合好、融合。和合是指自然、社会、人际、心灵的融合。和合是在深厚的中华文化沃土上培育起来的。和合二字都见于甲骨文、金文。和的初义是声音相应和谐；合的本义是上下唇合拢、结合。春秋时期，和合二字相联并举，构成和合范畴。《国语·郑语》："商契能和合五教，以保于百姓者也。"五教即父义、母慈、兄友、弟恭、子孝。契把有差别的人伦道德加以规定，而达到和合，使百姓能安身立命。西周末年史伯论和说："夫和实生物，同则不继。以他平他谓之和，故能丰长而物生之，若以同稗同，尽乃弃矣。"

"和"蕴涵着"他"与"他"的关系，即互相差别对待冲突的事物，互相融合或平衡；阴阳和而万物生，或金木水火土差别、冲突合而成百物。总的来说，"和"是指异质因素的和谐共处。"合"是指异质因素的融合贯通。二者联用，"和合"蕴含着不同事物及其因素的相异相成和紧密凝聚，是指在承认不同事物的矛盾、差异的前提下，把彼此不同的事物统一于一个相互依存的和合体中，并在不同事物和合的过程中，吸取各个事物的优点，使之达到最佳组合，由此促进新事物的产生，推动事物发展。

和合文化的精神内涵主要包含几方面：

第一，把自然看成一个和谐整体。孔子说："天何言哉，四时行焉，百物生焉，天何言哉！"意思就是说天地的运行是自然而然的事情。道家创始人老子提出"万物负阴而抱阳，冲气以为和"的思想，认为道蕴含着阴阳两个相反方面，万物都包含着阴阳，阴阳互相作用构成和，和是宇宙万物的本质以及天地万物生存的基础。荀子则提出"天地合而万物生，阴阳接而变化起"的观点，把自然界的生成发展变化看作是天地阴阳和合的结果。

第二，强调人与自然的和谐统一。最著名的论述是"天人合一"和"与天地参"两种学说。"天人合一"强调的是天道和人道、自然和人为的息息相通，和谐统一；"与天地参"是在肯定天道与人道既有区别又相统一的基础上，强调人可参与自然界的变化。

第三，主张人际关系和谐。提倡"贵和尚中"，贵和谐，尚中道，持中即是和，并将这些原则视为社会发展的基本前提与根本目标。例如孔子的"礼之用，和为贵"。孔子提倡"礼"，不仅把它看作是调节人与人、人与社会之间关系的准则，更把它看作是周天子与诸侯国之间关系的根本行为规范。当华夏体系礼崩乐坏，诸侯国成为体系内主要的行为体，且相互之间不断进行争霸战争之时，孔子希望用"礼"来约束各诸侯行为体的争霸行为，使华夏体系实现一种和谐稳定的秩序。

从国际政治的视角解读和合思想，我们就会发现儒家思想所言的"礼"，更多地是强调根据"礼"的要求实现华夏体系内有序的、和谐稳定的国际秩序。为此，孔子从个人、国家、体系三个层面进行了具体阐述。就个人道义修养而言，孔子提出"克己复礼为仁""泛爱众而亲仁"。在孔子看来，"克己"才能达到"礼"，才能实现人的最高境界"仁"；只有体系内最小行为体的个人实现了"仁"，体系才有了实现稳定的根本保障。其中，孔子把领导人的个人道义修养视为建立正义国际秩序的必要条件。他在《大学》中指出："古之欲明明德于天下者，先治其国；欲治其国者，先齐其家；欲齐其家者，先修其身。"就国内政治而言，孔子主张治理国家要做到"为国以礼"才能实现国内秩序的稳定。就华夏体系而言，孔子更是主张用"礼"来规范体系秩序。在《论语·颜渊》中，子曰："克己复礼为仁。一日克己复礼，天下归仁焉。"可见，孔子把"礼"视为实现"天下归仁"的手段和必要途径，要实现华夏体系稳定的秩序就必须靠"礼"的约束。正如孔子在《礼记·经解》中所言："礼之于国也，犹衡之于轻重也，绳墨之于曲直也，规矩之于方圆也。"

因此，和合思想中的"礼之用，和为贵"体现的是一种中国人对国际秩序的看法与观点。即把建立以"礼"为准则的国际秩序作为手段，其最终且最理想的国际秩序是实现"和"。"和"是"礼"的最高境界，《论语·学而》中有，"礼之用，和为贵"，《中庸》亦有"和也者，天下之达道也。致中和，天地位焉，万物育焉"。

总之，和合文化积极地看待自然和社会的差异、矛盾，提倡发挥不同个体的积极作用，实现整体的和谐发展；同时，和合并不等同，也不是否认矛盾，而是通过矛盾的克服，形成总体上的平衡、和谐，即和合状态。和平共处五项原则正是和合文化所反映的国际观的集中体现，和平共处五项原则既营造了和平和谐的国际氛围，也强调了平等互利的合作精神。

## 第二节　"义以为上"与国际合作

"和而不同"的思想早在两千多年前便已经存在了。《论语·子路》篇中有叙述："君子和而不同，小人同而不和"。"和而不同"这就是孔子所理想的"道"，是孔子从"礼崩乐坏"的现实中对"周礼"进行历史反思的思想成果。依据这一思想，我们就应承认世界的多样性及其存在的合理性；反对以偏概全，用自己狭隘的眼界从自己个人、民族、国家的利益出发，不惜损害别国的利益、攻击他人人格，从而造成混乱，这也就是我们所反对的狭隘的民族主义、文化意识形态。"和而不同"思想体现了允许存在差异，却没有必要划为异端进行打击迫害的思想，也只有在此基础上，不同政见的双方才可能坐下来交流对话沟通。

与"和而不同"思想紧密相关的"仁、礼、义"三种理念。在中国漫长的历史进程中，"仁""礼"的影响根深蒂固，而两者统一于"义"。"仁"本来就意味着"人与人之间的道德关心"。荀子在他的《大略》中讲，"仁，爱也，故亲"，孔子则把"仁"由"爱亲"而推衍为"爱人"的普遍伦理原则，孟子在他的《离娄下》中也说到，"仁者爱人"，并在《离娄上》也说到，"三代之得天下也以仁，其失天下也不仁……天子不仁，不保全四海"。由此也可以看出，仁的理念在中国传统文化思想中所具有的先验地位。"仁"是"礼"的心理基础，"礼"是"仁"的行为节度。礼从本质上来说，不只是一种仪式（礼仪），还是人们对"仁爱"之心，遵守规范、准则的自觉意识和道德品质。"仁"与"礼"统一于"义"。《论语·阳货》就说："义以为上"。在荀子看来，所谓的"义"是使人们各司其职、各安其分的节制者。在这里，义与仁的关系是：仁，人心也；义，人路也。这里更显"义"对仁的践行。"人皆有所不为，达于其所为，义也。"而关于义与利的关系，则是广为熟知的《论语·里仁》里的

"君子喻于义，小人喻于利"。在孟子看来，"怀利"与"怀义"是两种根本对立的价值方针，如果以利己作为决定自己行为和处理人伦关系的方针，那就必然会废弃仁义而相互争夺、篡弑，其结果将致于亡国，而以仁义为行为方针，即可保社稷而王天下。通过以上看来，"仁"是处理相互关系大的原则和前提。"礼"的精神实质是互惠性的，体现在经济往来的平等互利与心灵的互相应答和尊重；而"义"则更侧重体现为一种豫让原则，互不侵犯，互不干涉。通过"克己复礼""去利怀义"，使我们能摆脱眼前自身利益的局限，放眼世界不同的存在体，处理好彼此关系，协调好利害冲突，遵守好互惠互利的游戏规则。

在孔子看来，人与人、国与国的关系在义利观上的最低标准应该遵循"己所不欲，勿施于人"；最高标准则为"己欲立而立人，己欲达而达人"。在孔子生活的社会里，君主的道义就代表着国家的道义，孔子对君主个人在义利观上的道义要求，自然也是他在国家交往中对国家行为体所期望的道义要求。对于国际行为体之间相互合作的价值取向，孔子认为仅根据利益行事会招致怨恨。孔子提倡"君子义以为上"，也就是说置道义价值于物质利益之上，主张在符合"道"的基础之上，追求正当的"利"。孔子曰："富与贵，是人之所欲也，不以其道得之，不处也。"孔子在人际交往中的"义""利"取向，正是孔子以"仁"为核心的国家间道义思想的主要体现。

"和而不同""义以为上"的国际合作观就是指在国际合作中国际行为体要本着包容、仁爱的精神，在符合道义的基础上追求正当利益，实现互利共赢。诚如汉斯·摩根索所言："国际道义是个人主权者——即某个君主及其继承人——和相对较小的、有内聚力的、成分相同的贵族统治集团关注的事情。"孔子强调，诸侯国间的交往应该彼此"宽恕"，要求别国遵守的制度规范，自己首先要遵守，这才是双方合作的基础。

## 第三节 "德必有邻"与国家形象

"德不孤，必有邻"出自孔子《论语·里仁》篇，意思是有道德的君主不会孤单，一定会有志同道合的人和国与之为伍。

人无信不立，国无德不强。孔子"德不孤，必有邻"的国家形象观是指国家首先要对内实行德政，得到国内民众的支持与拥护，进而在国际上才能获得国际社会的认可与尊重。这种以德服民而非以力服民的思想能够对国际社会形成一种号召力和吸引力，从而为国家赢得良好的声誉。也就是说，孔子把德看作是统治天下的必备条件，国家行为体只有具备了"德"，才能对其他行为体有吸引力和号召力，其他行为体才可能心悦诚服地认可并接受其政策主张和价值观念。

中华民族自古以来就是注重道义修养的民族，素以文明古国、礼仪之邦著称于世。从三皇五帝到唐宗宋祖无不重视个人和国家的内在道义修养，尤其是在先秦儒家学说中，道义的作用被看作是治国之根本。孔子开儒家学说之先河，提出了一系列处理诸侯国与诸侯国之间关系的思想，即国家间道义的思想。其中，他尤为重视道义的作用，视之为行政立国之本。他认为事君不能以苟合顺从为上，而是应该首先考虑是否符合"道"，要"以道事君"。他把道义看得高于君主、高于权力和地位，主张道统高于君统，道义重于权令，从道不从君。

怎样塑造一国良好的国际形象呢？孔子认为，首先，必须要以人民的信任置于重中之重。他说："自古皆有死，民无信不立。"其次，统治者要实行德政，自然会使天下人心归服，从而受到他国的尊重，达到"近者说，远者来"，"譬如北辰居其所，而众星拱之"的境界。

和平共处五项原则正是基于传统中国对于世界、文化、地域和界限理解而言的，它更多地体现在文化力量上而非国家维持国家必需的军事力量上，在某种意义上，和平共处五项原则也是一个重要的哲学概念。它出生在中国，也就必定饱受中国传统文化的熏陶和浸染，它强调"仁、义、礼"，然后再通过"仁"来"化"。和平共处五项基本原则以"和而不同"为基础和前提，以"天下理念"为政治蓝图，由"国家"而"世界"，由"个体利益"而"共同利益"，强调通过对话谈判协商和平解决国际经济利益矛盾和政治利益冲突，创造有利于发展、进步的和平国际政治经济环境，从而充分体现了它原则性与灵活性的统一，理想性与现实性的统一，可能性与合理性的统一。

# 第四章　和平共处五项原则与中国睦邻外交

　　建国以来的正反经验表明，同周边国家关系的好坏直接关系到中国的经济发展，周边外交在中国外交布局中占有举足轻重的地位。从地理区位的角度看，中国所处的地区大致分成东亚、亚洲和亚太三个层次，其中周边是一个更具现实性的概念，包括东北亚、东南亚、南亚、中亚以及俄罗斯的亚洲部分。作为世界上拥有邻国最多的国家，中国和平发展的大好形势更是与其周边外交的成功密切相关。中国的国家安全、政治稳定、经济发展乃至国际地位的改善都需要一个和平的、发展的、稳定的周边环境，这是中国历届政府力图实现的基本外交目标。

　　和平共处五项原则是中国与周边国家共同提出的，这一原则首先是针对中国与周边国家关系而提出的，它的提出确立了中国与周边国家交往的基本准则。以此为标志，新中国的周边外交战略初步形成。此后，中国与若干周边国家以和平共处五项原则为基础进行了睦邻外交，达成了一系列解决双边重大问题的条约、协定或谅解，促成了周边国家对华关系的好转，维护了国家主权、独立和领土完整，并进而获得一个较为有利的恢复和发展国民经济的稳定的周边安全环境。

## 第一节　"一边倒"与新中国周边外交战略的缘起

中华人民共和国成立之时，帝国主义在远东的殖民体系已经崩溃，亚洲出现了一批新独立的国家，中国与周边国家的关系基本上进入了近代国际法意义上国家关系体系的新阶段。然而，帝国主义侵略和殖民统治的残余势力在亚洲依然存在，一些国家和民族争取独立的斗争仍在进行。尤为重要的是，随着美苏冷战格局的形成和不断升级，出现了东西方两大阵营对峙的局面。根据中国当时面对的国际环境、国家安全和政治经济利益的需要，中国领导人采取了对苏"一边倒"的外交战略，亦即实行联苏抗美的战略方针，其周边外交政策的内容和特征亦由此外交战略决定。中苏关系位列中国与周边国家关系之首。新中国一成立，苏联政府立即承认新政府并实现了两国的结盟。同属社会主义阵营的周边国家朝鲜和蒙古也迅速和中国建立了友好关系。中国则积极支持越南共产党领导的抗法民族解放战争，不仅提供武器，派遣顾问，而且率先宣布正式承认越南民主共和国，与之建立外交关系，带动了整个社会主义阵营国家对越南的承认。与苏联及社会主义阵营的周边国家结盟，成为中国当时周边外交政策的基本特征。中国实施对苏"一边倒"政策确保了北部边界的安全及国家安全环境的总体可靠，在防御美国侵略、改善周边环境、加强安全防务、获取经济援助等方面也起到了一定的作用，但需要强调的是，中国在实施对苏"一边倒"外交政策时，仍坚持独立自主的原则，在涉及主权的问题上据理力争。

同时，新中国将与周边国家特别是南亚和东南亚国家，建立长期稳定的友好关系作为我国睦邻外交的首要目标，从而确保了南部边界的基本稳定，并将美国对华的包围圈打开了一个缺口。印度是第二个承认新中国的非社会主义国家，是第一个同中国进行建交谈判的国家，也是第一个与新中国建交的非社会主义国家。1950年4月1日，中印建交使新中国增加了一条与国际社会沟通的重要渠道，拓展了新中国的外交空间。特别是在中国恢复联合国席位及朝鲜战争问题上，印度作用明显。中印建交后，中国相继与印尼、缅甸、巴基斯坦、阿富汗、尼泊尔、柬埔寨等周边国家建交。

## 第二节　和平共处五项原则与中国
## 周边外交战略的形成

转入全面的建设时期后，中共中央决定进一步加强周边外交，以稳定中国的周边环境。1954年到1955年期间，周恩来总理先后参加了日内瓦会议和亚非会议。在此期间，他先后出访印度、缅甸、印度尼西亚等周边民族主义国家，明确提出了处理周边和国际问题的重要准则，即和平共处五项原则。和平共处五项原则的提出产生了深远的政治影响，大大提高了新中国的国际威望，以和平共处五项原则为核心的中国周边外交战略正式确立。

新中国建立后，由于与周边的民族主义国家在近代有着共同的遭受帝国主义侵略的命运，双边关系在总体上是友好的，但也因为历史的、边界的或民族的原因而出现一些新的问题和冲突。中国与周边国家间能否公平合理地解决华侨的双重国籍和悬而未决的边界等问题，直接影响中国与邻国的关系以及周边环境的稳定。

建国初期，东南亚各国的华侨普遍保留着双重国籍，由于华侨人数众多，使得许多东南亚国家对华侨多有忌惮，并出现多次排华事件。印尼是拥有华侨最多的国家，有270多万的华侨。经过友好谈判，1955年4月，中印尼两国外长签署《中华人民共和国和印度尼西亚共和国关于双重国籍问题的条约》。此后，中国先后与马来西亚、菲律宾、泰国等国家在建交联合公报中确认双重国籍的原则和政策，妥善处理历史遗留的华侨双重国籍问题，消除了一些国家的疑虑，促进了中国同这些国家友好关系的发展。

对于有争议的边界问题，新中国先后同一些主要邻国达成解决边界问题的协议。1951年，周恩来总理通过印度驻华大使潘尼迦向印度政府提议，通过在印度、尼泊尔和中国政府之间的和平磋商，讨论和找出和平解决尚未划定的喜马拉雅边界问题的方案。根据周恩来的提议，中印成立边界谈判委员会。在出席中国政府边界谈判委员会的第一次会议时，周恩来提出：中国对印政策应该按互相尊重主权和领土完整、互不侵犯、互不干涉内政、平等互利、和平共处的五项原则和平共处。1954年4月29日，中印签订《中印关于中国西藏与印度通商和交通协定》及有关换文。协定取消了外国在西藏的特权，解决了两国在西藏地区悬而未决的一些历史问题，印度首次正式承认中国对西藏行使主权。这个协定为中国与邻国解决争端、争取友好相处的和平国际环境创造了条件，并明确提出处理国家间关系的和平共处五项原则。

为了解决朝鲜问题和印度支那问题，中国参加了1954年的日内瓦会议。这是新中国成立后第一次登上国际舞台。此时中国已与总人口约达10亿的25个国家建立了或正在建立外交关系，其中包括印度、印度尼西亚、缅甸、巴基斯坦等周边国家。中国还同20多个国家的政府或贸易团体签订了贸易协定或合同。经过中国代表团与各代表团的反复接触、磋商和协调，历时两个多月的日内瓦会议最后达成了恢复印度支那和平的《日内瓦协议》，维护了越南、老挝、柬埔寨等印度支那三国的主权、独立、统一和领土完整，保证了印度支那三国人民的基本权利，进而维护了东南亚与亚洲的安全，促进了世界和平。日内瓦会议召开期间和前后，周恩来总理先后六次出访中国的4个邻国印度、缅甸、蒙古和苏联。在访问印度期间，周恩来向印度总理尼赫鲁表示："中国对东南亚的政策是和平共处，我们对印度、印尼、缅甸、巴基斯坦、锡兰和老挝、柬埔寨的政策都是如此。我们要把这一政策贯彻下去。他还说："中印的政治制度不完全相同。但是，我们应该努力来消除亚洲各国毫无根据的恐惧。我们应该以我们的共信原则给世界建立一个范例，证明各国是可以和平共处的"。中国、印度和缅甸三国社会制度和意识形态差别很大，但三国共同首倡的和平共处五项原则却超越了这些障碍。

《日内瓦协议》签订后不到两个月，美国就同英法等国在马尼拉签订了《东南亚集体防务条约》，这严重地威胁到了中国周边安全。恰在此时，一些亚非国家表示要召开亚非会议。对此，周恩来敏锐地指出："这是亚非国家第一次来决定它们的命运，这就会对世界和平做出贡献。这一会议使向无来往的亚非国家能够会面，这样就可以增加了解，消除误会和隔阂。"周恩来表示："中国参加亚非会议，将为建立集体和平和扩大和平范围而努力"。会前，中国政府关于亚非会议的总方针，是争取扩大世界和平统一战线，促进民族独立运动，并为建立和加强我国同若干亚非国家的事务和对外关系创造条件。会议召开后，周恩来进一步阐述了和平共处五项原则，并成为会议的共识。

和平共处五项原则是中国与周边国家共同提出的，这一原则首先是针对中国与周边国家关系而提出，它的提出确立了中国与周边国家交往的基本准则。以此为标志，新中国的周边外交战略初步形成。此后，中国与若干周边国家以和平共处五项原则为基础进行了睦邻外交，达成了一系列解决双边重大问题的条约、协定或谅解，促成了周边国家对华关系的好转，维护了国家主权、独立和领土完整，并进而获得一个较为有利的恢复和发展国民经济的稳定的周边安全环境。到1956年初，中国的周边环境已大为改善。曾经对中国存有疑虑甚至敌意的国家改变了态度，为友好信任的合作气氛所代替。中国对亚洲邻国的影响在增强，中国在国际舞台上说话的分量也在加重。

# 第三节　"三个世界"理论与和平共处五项原则的调整

20世纪60年代，美苏力图保持两极格局，但两大阵营内部的独立自主倾向却大有发展。西欧、日本对美离心力日益增强，社会主义阵营内出现中苏分裂对立，亚非拉民族解放运动空前高涨，第三世界力量大大增强。由于美国继续推行敌视中国的政策，驻兵韩国、日本、菲律宾及我国台湾地区，介入越南战争，从东南一线威胁中国安全；中苏关系破裂之后，苏联甚至以战争威胁来达到控制中国的目的，从北线威胁中国安全；其他敌视中国的国家乘机而起，中国的周边环境日益恶化。面对这种形势，中共中央对外联络部部长王稼祥曾向中央提议调整对外政策，缓和紧张局势，谋求和平和有利的环境，争取时间，克服困难，加速国内建设，但遭到否定。

当时，反对苏联修正主义成为中国周边外交政策的重要内容。中苏两党从世界形势、国际共运、美苏关系、社会主义发展道路、民族解放运动等意识形态的尖锐分歧，逐步升级为中苏间的大论战，进而发展为国家关系的全面紧张，从经济领域发展到军事领域，两国甚至发生了局部的边界冲突。

中苏关系的决裂并没有导致中美关系的改善，美国仍将中国视为比苏联更加好战的、更具侵略性的国家，中国也将美国视为中国的头号敌人。反对美国在中国周边国家和地区策动的一系列反华战争行为，同样是中国周边外交政策的重要组成部分。1958年8月，中国人民解放军炮击金门、马祖，挫败了美国制造"两个中国"的阴谋。60年代中后期，中国又做出巨大的民族牺牲，坚决支持越南、老挝、柬埔寨三国人民抗击美国侵略的战争，并取得了胜利。

在此期间，中国领导人为了更有力地实施反帝反修的外交战略，又进而将"中间地带"思想发展为"两个中间地带"的思想。毛泽东志明确指出："亚洲、非洲、拉丁美洲是第一个中间地带。欧洲、北美、大洋洲是第二个中间地带。日本的垄断资本主义也属于第二个中间地带。"这为中国制定全球战略和周边外交政策奠定了重要的理论基础。

在第一中间地带，中国把联合和团结周边国家作为工作重点。1960年5月，周恩来总理访问了缅甸、印度、尼泊尔、

越南、柬埔寨和蒙古六国。1963年底至1964年初，周恩来总理
访问亚非十三国，其中就有中国周边国家缅甸、巴基斯坦和锡
兰，中国提出的同非洲国家相互关系的五项原则和中国对外经
济技术援助八项原则，对于增进中国与周边邻国相互了解和团
结合作起了重要的作用。60年代初，中国曾对尼泊尔、锡兰、
缅甸、印尼提供过经济援助；先后与缅甸、尼泊尔、阿富汗、
柬埔寨、印尼等国签署了友好条约或互不侵犯条约；与缅甸、
尼泊尔、巴基斯坦、阿富汗、蒙古等国解决了历史遗留的边界
问题。与此同时，中国也与印度的地区扩张主义进行了斗争，
粉碎了印度政府策动西藏叛乱和干涉中国内政的阴谋，通过谈
判和有理有利有节的自卫反击战，制止了印度政府对于中国的
领土要求和在中印边境的军事挑衅，保卫了中国西南边境的安
全。

　　在第二中间地带，中国在周边地区主要是将与日本的关系
从民间往来发展为半官方往来。1959年3月，中国提出中日改
善关系的政治三原则；1960年8月又提出中日贸易三原则，并
强调政治与经济不可分离的原则。1962年11月，在双方友好人
士的共同努力下，签署了五年备忘录贸易协议，使双边年贸易

额达到3600万英镑。1964年4月，双方又达成了互设联络处和互派记者的协议，双边关系进入半官半民的新阶段，这对于日后中日关系的发展必将产生重要的影响。

中国共产党内滋长起来的"左"倾思想也不可避免地逐步渗透到外交领域，尤其是在"文化大革命"爆发后，情况更为严重，这对于中国的周边外交政策产生了恶劣的影响。过分的强调意识形态限制了中国对外政策的选择余地；"以苏划线"的做法，将很多本来可以结交的朋友推至敌方；过度宣扬世界革命，甚至将农村包围城市的中国革命道路作为普遍真理向各国革命者强行推广，引起国际共产主义运动内部的质疑和不满；中国公开支持和报道周边一些国家共产党领导的反政府武装斗争的做法，也引起这些国家的猜疑和反对，甚至导致双边关系的紧张或濒临破裂，等等。至20世纪60年代末，中国的周边环境十分恶劣，来自美苏两方面的战争威胁日益加重。

20世纪60年代末、70年代初，世界格局出现新的变化。美国由于深陷越南战争的泥潭，实力地位大损，内外交困，不得不采取收缩性的全球战略调整。苏联趁机发动攻势，加紧扩张军备，美苏冷战呈现出苏攻美守的态势。除了美苏两强外，西欧、日本、中国以及第三世界力量日益发展起来，世界开始出现多极化的趋向。中国所处的国际和周边环境都发生了有利于我国的变化，中国领导人根据新情况和自身的安全和政治经济需要，迅速做出了战略调整。提出"三个世界"的理论，表明中国已将决定外交战略的意识形态因素退居次要地位，将国家安全利益提升居于首要地位；结束中美20年交恶的历史，利用美国借助中国对抗苏联挑战的心态，实现两国关系正常化，实现了联合美国对抗苏联的战略目的；构筑"一条线"和"一大片"的外交总战略，加强与第三世界国家的团结，争取与第二世界国家的联合，建立包括美国在内的反对苏联霸权主义的国际统一战线。这一外交战略的大调整决定了中国周边外交政策的新内容和新特征。

中国执行"一条线"外交战略，在周边外交实践中所起的积极作用是显而易见的。首先，中国与日本的关系迅速得以正常化。1971年10月联合国大会恢复中国在联合国的一切合法权利和1972年2月的尼克松访问中国，导致执行敌视中国政策的日本佐藤内阁垮台，中日关系正常化的进程大大加快。同年9月田中首相访问中国，双方签署联合声明，中日正式建交。

1978年8月，两国签署和平友好条约，两国关系有了进一步的发展。这是中国周边外交取得的一个重大的胜利。

同时，中国与东南亚国家的关系也有了一定的发展。1967年8月，由泰国、新加坡、印尼、菲律宾、马来西亚5国组成的"东南亚国家联盟"（简称东盟）在曼谷成立，在美国侵略印度支那三国问题上，他们接近美国而反对中国。然而，在中美关系有所改善，特别是在苏联在东南亚推行霸权主义的威胁之下，对华关系有所松动。中国的"一条线""一大片"的外交战略也将东盟各国列在反苏阵线的范围之内，积极开展争取活动。20世纪70年代中期，中国先后与马来西亚、菲律宾、泰国建交，中国与新加坡虽然没有建交，但友好交往已经开始。中国与东盟各国领导人频频互访，消除了相互间的猜疑和误解，并为未来中国与东盟进一步发展友好关系奠定了重要的基础。

中国执行的周边战略，处处以反苏为标准划线，使中国的国家利益付出了不必要的代价。中国领导人总是强调战争与革命是世界的主要潮流，要准备打仗成为中国各项工作的指导方针。由此也决定了中国周边外交政策新的内容和特征，在某种程度上也造成了和平共处五项原则的调整，影响了中国睦邻周边外交的实施。

## 第四节 "不结盟"外交与和平共处五项原则的贯彻

20世纪70年代末80年代初，邓小平纵观全局，特别是美苏战略态势和军事力量的发展变化，对于国际形势做出了新的科学论断，认为战争的危险依然存在，但世界上和平力量和制约战争的力量在不断壮大，战争可以避免，和平与发展已成为当今世界的主题。中共十一届三中全会决定将国内工作的重点转移到现代化建设上来，在外交上也改变为不同任何大国结盟的完全独立自主的战略，以创造更加和平和安定的国际新秩序。

邓小平从反对霸权主义和强权政治、消除周边国家对中国的疑虑和全面改善与周边国家关系的角度，多次强调用和平共处五项原则来处理国与国之间的关系。邓小平提出："处理国与国之间的关系，和平共处五项原则是最好的方式"，"最具有强大的生命力"；"其他的方式，如'大家庭'方式、'集团政治'方式、'势力范围'方式，都会带来矛盾，激化国际局势"。1988年12月，邓小平在会见印度总理拉吉夫·甘地时指出："我们应当用和平共处五项原则作为指导国际关系的准则。我们向国际社会推荐这些原则来指导国际关系，首先是我们两国之间的关系要遵循这些原则，而且我们同各自的邻国之间的关系也要遵循这些原则。"针对东南亚国家对中国的疑虑，邓小平指出，革命是不能输出的，东南亚国家的共产党问题是东南亚国家的内政，我国决不干涉别国内政。

由于在处理与周边国家的外交实践中全面贯彻和执行和平共处五项原则，进入20世纪80年代，我国与周边国家的关系全面改善。这一时期，中国周边外交的最重要成绩是实现中苏关系正常化。20世纪80年代初，中苏关系因苏联做出某种和解姿态而出现和缓的迹象，而中美关系却因里根政府执行所谓双轨对华政策，在售台武器等问题上风波迭起。1982年10月，在中国提议下，中苏就消除障碍、实现两国关系正常化等问题进行谈判。1989年5月，苏联最高领导人戈尔巴乔夫访问中国，双方发表联合公报，宣布两党两国关系实现正常化。鉴于20世纪70年代末《中苏友好同盟互助条约》已经中止，双方关系不是回到50年代那种结盟关系，而是在和平共处五项原则基础上建立的新型的国家关系。

1980年，邓小平将祖国统一列为80年代的三大任务之一，这既是中国的内政问题，同时也是中国周边外交的重大课题。1979年1月，邓小平在访问美国时最早宣布："我们不再使用'解放台湾'这个提法了，只要台湾回归祖国，我们将尊重那里的现实和现行制度。"由此，中国提出用"一国两制"的办法解决台湾、香港、澳门问题，并为此进行多方面的交涉。1982年7月，英国首相撒切尔夫人访问中国，双方同意通过外交途径解决香港问题。1984年12月19日，中英在北京正式签署《联合声明》，宣布自1997年7月1日起，香港回归中国。1979年中葡建交时，曾就澳门问题达成协议，葡萄牙承认澳门是中国的领土，双方同意在适当时候解决这个问题。1987年4月13日，双方签署联合声明，宣布1999年12月20日起中国恢复对澳门行使主权。中国与美国在台湾问题上则是摩擦不断。中国坚决反对任何"两个中国"和"一中一台"的政策。

中国的"不结盟"外交新战略给中国的周边外交大大拓展了活动的空间，中国政府在周边国家中全方位地开展外交活动，区别各种不同情况，化解各种消极因素，初步形成了安定友好的周边环境。中日关系在80年代有了较大的发展。1983年11月，中日双方领导人共同决定发展中日关系四原则："和平友好、平等互利、互相信赖、长期稳定"，并设立"日中友好21世纪委员会"，作为两国政府的咨询机构。两国的经济合作也有了长足的发展，1989年的中日贸易总额达到189亿美元。日本成为中国的第二大贸易伙伴，位列美国之前。

中国与朝鲜、东南亚、南亚一些国家的传统友好关系进一步得到保持和发展。中国与朝鲜保持和发展了以往的密切关系，1982、1984和1986年，朝鲜金日成主席、中国胡耀邦总书记、李先念主席先后进行互访，对双边关系的发展起了良好的推动作用。中国也保持了与东南亚绝大部分国家的友好关系，从1980年—1989年，邓小平会见东盟外宾达17批之多，尽管有的国家对于中国仍有疑忌和防备之心，但互相间的交往却日益密切起来，不仅政治关系良好，而且经济贸易也有了前所未有的发展。在南亚，中国与巴基斯坦、斯里兰卡、尼泊尔等国的关系也有了新的发展。

化敌人为朋友，变冲突为和平，是这一时期中国周边外交的又一重要特征。

在20世纪70年代"一条线"外交战略的影响之下，接近或与苏联结盟的一些周边国家也与中国处于交恶或冷淡状态。在新时期，中国积极努力改善与这些国家的关系。随着中苏关系的松动，中蒙关系也开始好转。1983年中国政府曾致电蒙古政府，祝贺蒙古人民革命62周年。旋即中方同意恢复通过中国塘沽港转运蒙古外贸货物。次年两国签署《中蒙边界联合检查议定书》，确定中蒙边界应是友好、和平的边界。1986年双方签署《五年贸易协定》，两国关系得以全面改善。中越关系也出现转机，1986年底，越南共产党"六大"决定改善对华关系，但由于柬埔寨问题双方关系未能取得进展。1990年9月，中越两党最高领导人在成都举行具有历史意义的会晤，就恢复双边正常关系签署了《会谈纪要》。1991年11月，越南党政代表团访问中国，双方正式宣布两党两国关系实现正常化。从1978年开始，随着越南对华关系的恶化，中国与老挝的关系也开始逐步紧张。1989年10月和1990年12月，中国与老挝间的两国关系全面恢复。

曾经处于敌对状态的中印、中韩关系也在这一时期有了改善。中印关系在70年代中期开始逐步缓和，双方进行多轮谈判，边界问题虽没有取得实质性的进展，但促进了双边贸易、文化和科技合作。80年代中期之后，两国关系进一步改善。1988年12月，印度总理拉·甘地访问中国，这是印度总理34年来首次访华，双方同意进一步在更广阔的领域中加强合作，通过和平友好的方式协商解决边界问题，努力维持边境地区的和平和安定，印度重申西藏是中国的一部分，不允许在印度的西藏人进行反对中国的政治活动等，两国关系又重新回到正常发展的轨道上来。

由于朝鲜战争的关系，韩国曾经是中国的敌国，实现中韩关系的正常化是中国发展睦邻周边关系的难点所在。然而，20世纪70年代末80年代初，国际形势、朝鲜半岛局势以及中韩两国国内情况发生的变化，却促使中韩两国迅速接近。中国在继续保持与朝鲜传统友好关系的同时，积极对应韩国政府提出的"北方外交"，发展对韩关系。中国支持南北朝鲜进行对话，促进半岛局势趋向缓和，接着又支持并促成南北双方同时加入联合国，为实现中韩建交扫清了道路。1992年8月24日，中韩两国正式建交，两国关系进入了一个新的历史阶段。

## 第五节 "与邻为善、以邻为伴"与
## 和平共处五项原则的创新

20世纪80年代末，苏联解体，东欧剧变，美苏冷战终结，新旧格局交替，各种力量重新组合，矛盾错综复杂，国际环境表现出动态性、多元性、复合性、经济性、过渡性等一系列不同于冷战时代的新特点。中国在经历了1989年春夏之交的政治风波以后，美国等西方国家联合对华"制裁"，中国外交面临建国以来少有的严峻局面。邓小平提出了"冷静观察、稳住阵脚、沉着应付、韬光养晦、有所作为"的应对方针，坚决顶住西方国家的压力，打破和分化了他们的制裁，坚持走有中国特色的社会主义道路。中国外交并没有受外部势力的挑拨而变向，而是坚持80年代的既定轨道，并进而将"不结盟"的外交战略扩展为"与邻为善、以邻为伴"的"全方位"的外交战略。党的十六大提出，中国睦邻外交政策要"加强区域合作，把同周边国家的交流与合作推向新水平"。这表明中国的睦邻外交政策已经从原来简单地与邻国保持和睦友好关系，上升到要通过开展区域合作来为我国与周边国家关系的改善和发展注入新的动力。这是中国周边外交政策的一个重大发展，是我国周边外交不断成熟的标志。

"与邻为善、以邻为伴"意味着中国政府承诺只会从事安邻富邻之举，绝不做欺邻扰邻之事，在处理与周边国家关系时，坚持大小国家平等相待，坚持和平解决争端，坚持不干涉别国内政的方针，无疑是对和平共处五项原则在新时期的延伸和发展。中国领导人提出的"与邻为善、以邻为伴"的"全方位"的外交战略对和平共处五项原则进行了创造性运用和发展，并明确了国际关系民主化思想。

中国不仅先后和西方国家恢复了正常关系，而且和所有的大国构筑了面向21世纪的合作框架。中国还积极参加了联合国及其下属几乎所有组织的活动，发挥了重要的作用。江泽民在党的十五大报告中强调：中国需要一个长期的和平的国际环境，特别是良好的周边环境。20世纪80年代的中国外交战略大调整在周边地区的成效非常明显，中国在这一地区已没有一个公开的敌对国家，中国与各种类型的国家关系基本上进入了健康发展的轨道。但历史遗留的问题并未从根本上得到解决，如领土争端问题、侵占南海岛屿问题、民族分裂主义问题等，同时又产生了一些新的问题，如地区军备竞争问题、安全机制问题以及所谓的"中国威胁论"，等等。中国的周边外交在20世纪90年代被置于特别重要的地位，当时，中国领导人在处理这些问题的过程中逐渐产生了一些新的思路和新的做法，对于解决这些问题积累了新的经验。

中俄关系的处理是一个成功的范例。苏联解体后，尽管两国政治制度不同，但中国立即承认俄罗斯新政府，并共同创造了一种国家关系模式，即既不是对抗，又不是结盟，而是不针对第三国的"面向21世纪的建设性伙伴关系"，如同江泽民所指出的：这种新型关系，应该建立在和平共处五项原则基础之上，成为不对抗、不结盟、睦邻友好、互利合作、共同繁荣的好邻居、好伙伴、好朋友。从那时起，中俄两国建立起了经常的、畅通的高层对话机制，睦邻友好的、和平的边界安全机制，发展迅速的、方式多样的经济合作机制，等等。尤为值得重视的是，曾经困扰两国关系的敏感的领土问题，通过谈判，两国分别于1991年和1994年签署了《中苏国界东段协定》和《中俄国界西段协定》，确定了中俄98%的边界线走向，仅剩下黑瞎子岛和阿巴该图洲渚两块地区尚未解决。两国领导人同意继续讨论这些问题，尽快求得双方都能接受的解决办法。2004年两国签署了《中俄国界东段补充协定》，确定了上述两块地区的边界线走向，至此，4300多公里的中俄边界线全部划定，两国边境已成为两国进行经济和文化交流的最为活跃的地带。2001年7月，中俄两国元首签署的《中俄睦邻友好合作条约》，确立了中俄"世代友好、永不为敌"的和平思想，为保障两国关系在21世纪长期稳定发展奠定了牢固的法律基础，为双边关系的发展注入了新的动力。

由于美国广泛参与亚洲事务，所以它仍然是中国周边外交所面对的重要对象。1993年克林顿上任后，在对华政策上保持接触的步幅明显加大，施加压力的态度更加强硬，中美关系围绕着台湾问题、人权问题、最惠国待遇问题、经贸摩擦问题、地区安全问题等风波迭起，争吵不断，出现低水平局面。但中美毕竟在战略上存在着共同利益，在经济上互有需求，中国潜在的巨大市场也对美国有着很大吸引力，两国间的联系和合作关系依然存在，并有所发展。20世纪90年代末，江泽民主席和克林顿总统实现了互访，两国就中美关系的发展目标和框架达成共识，决定"共同致力于建立面向21世纪的建设性战略伙伴关系"。在1997年11月29日发表的《中美联合声明》中，美方重申：美国坚持一个中国的政策，遵守中美三个联合公报的原则。美国总统克林顿及其他领导人明确表示了美国不支持"台湾独立"、不支持台湾加入联合国、不支持"两个中国""一中一台"的"三不"政策，这使中美关系得到了恢复和发展。但美国的遏制和接触并行的政策并未改变，并且随着其国内政局的变动，重点时有偏侧。中美关系的不稳定将是中国周边外交政策长期面临的难题。

比起中美关系的大起大落，中日关系的发展要平稳得多。日本政府在对待西方国家"制裁"中国问题上，采取与欧美国家相同的立场，但又保持了一定的距离，并在各国中较早解除对中国的经济制裁。1992年江泽民总书记访问日本，日本明仁天皇访问中国，标志着两国关系的发展进入了一个新的时期。中日两国高层领导多次互访，增进了友谊；两国的经济关系也发展迅速，在贸易、资金、贷款等方面进展顺利，中日关系的发展从总体上讲是好的，但也存在着一些问题，如钓鱼岛问题、中美安保条约修改问题、日台关系问题、日本教科书问题、贸易摩擦问题、参拜靖国神社问题等，影响了中日关系的正常发展。1998年11月，江泽民主席访问日本，中日双方就21世纪中日关系的发展方向与框架达成共识，将今后的中日关系定位于共同致力于和平与发展的友好合作伙伴关系。积极发展中日友好关系，对于建设友好安定的周边环境，增强中国在东亚乃至亚太国际格局上和战略地位都是有益的。

周边外交实践中，与周边国家建立了政治经济和安全合作组织，为促进中国与周边国家关系的发展提供机制、制度、法律和组织保障。随着苏联的解体，中亚出现了五个新独立的国家：哈萨克斯坦、吉尔吉斯斯坦、塔吉克斯坦、乌兹别克斯坦和土库曼斯坦，前三个国家直接与中国接壤，边界线长达3300公里，他们成为中国新的周边国家。中国非常重视与中亚新独立国家的关系，不仅很快与各国建立了外交关系，解决或友好谈判边界领土问题，而且高层领导人频频互访，签署了一系列政治、经济、文化、边界以及在边境地区撤军的条约和协定，双方都表示要建设新的"丝绸之路"，使双边关系出现良好的发展势头。1996年4月26日毗邻而居的中国、俄罗斯、哈萨克斯坦、吉尔吉斯斯坦、塔吉克斯坦五国元首，为解决久拖未决的边界冲突问题，建立边境地区军事互信机制，聚会上海，共同签署了举世瞩目的五国《关于在边境地区加强军事领域信任的协定》，从而启动了每年一次的上海五国首脑会晤机制。1997年4月24日，中、俄、哈、吉、塔五国元首在莫斯科签署了《关于在边境地区裁减军事力量的协定》。为适应国际和地区形势的变化，提高合作水平，2001年6月15日，中、俄、哈、吉、塔、乌六国元首隆重聚会上海，将上海五国会晤提升为上海合作组织，并共同签署了《上海合作组织成立宣言》和《打击恐怖主义、分裂主义和极端主义上海公约》，从而使上海五国会晤发生了质的变化，即由一种国家元首定期会晤机制提升为常设的区域性多边合作组织，在共同对付恐怖主义、分裂主义和极端主义的基础上，保障地区稳定与安全。上海合作组织成立后，六国合作的领域也不断扩大，涉及政治、经济、科技、文化和环保等领域的多层次合作。

在东北亚，朝鲜半岛问题虽在20世纪90年代已出现缓和的趋势，但矛盾和冲突依然不断，也是中国周边外交面临的重点和难点问题。中韩建交后，中国依然与朝鲜保持传统的友好合作关系，对于朝鲜、韩国实行平衡政策，以和平共处五项原则处理与双方的国家关系，以平等互利原则发展与双方的政治、经济、文化往来，并积极参加解决朝鲜和平机制问题的"四方会议"，支持一切有利于双方缓和紧张局势，有利于民族和解和统一，有利于东亚和世界和平的行动和建议。同时，积极推动与日本、中国、韩国等东北亚较发达国家的区域经济合作从无形到有形的发展与转变。2003年10月7日中日韩三国领导人在印度尼西亚的巴厘岛举行了第五次会晤，并发表了三国间第一个联合宣言《中日韩推进三方合作联合宣言》。中日韩三国出现了建立经济合作机制的动向。

在东南亚，中国与东南亚国家的关系有了进一步的发展。1990年8月，中国与印尼复交，10月与新加坡建交，次年9月与文莱建交。中国与所有东南亚国家都建立了正常关系，这种关系既不是原来中越那样的"同志加兄弟"关系，也不是原来中国与东盟国家的那种敌对关系，而是建立在和平共处五项原则基础上的新型国家关系。这种关系在20世纪90年代得到了进一步的发展，中国与这些国家的双边互访活动十分频繁，政治关系良好，经贸关系大有发展。

进入20世纪90年代后，东盟逐渐扩大。1997年底中国与东盟举行历史上首次首脑会晤，并发表联合声明，确定建立面向21世纪的睦邻互信伙伴关系。然而，南沙争执成为困扰中国与东南亚国家关系发展的重大障碍。争执起始于20世纪六七十年代，20世纪90年代上升为东南亚地区的热点问题。1995年，"美济礁事件"发生后，南沙争执进入白热化阶段。中国在南沙问题上的总原则是：坚持南沙是中国的领土，"主权属我，搁置争议，共同开发"。并具体化为四条方针：反对把南沙问题国际化；反对越、菲、马等国占领合法化；反对南沙"南极化"，即把南沙视为"无主区"，禁止军事行动，不提主权问题；反对南沙的主权多极化和所谓的"主权三角区"，以及菲方提出的中、越、菲、马、台五方共管方案。2002年11月，中国与东盟签署了第一份有关南海问题的政治文件《南海各方行为宣言》，宣言确认中国与东盟致力于加强睦邻互信伙伴关系。2000年11月，朱镕基总理在新加坡举行的第四次中国—东盟领导人会议上，提出建立中国—东盟自由贸易区的设想。2002年11月4日，中国与东盟10国在柬埔寨首都金边正式签署了具有里程碑意义的全面经济合作的文件《中国与东盟全面经济合作框架协议》，决定建立中国—东盟自由贸易区。这是中国第一次加入到有形的区域经济合作进程之中。这不仅大大推动了中国与东盟经济的快速发展，而且也改变了整个亚洲政治经济发展的格局。

中国与南亚各国的关系也有进一步的发展。中国与巴基斯坦、尼泊尔等国保持着传统的友好关系。中巴和中尼高层领导人的频繁互访，进一步推进了这种关系的发展。中国和印度的关系也保持了发展的势头。中印领导人进行了多次互访，促进了两国政党、议会、军队及民间组织间的友好往来。双方在科技合作和经济贸易方面取得了重要进展。1996年江泽民主席访问印度，两国领导人共同确立了两国在和平共处五项原则基础上建立面向21世纪的建设性合作伙伴关系。双方还先后签署了《关于在中印边境实际控制线地区保持和平和安宁的协定》和《关于在中印边境实际控制线地区军事领域建立信任措施的协定》，为两国创造发展相互关系和和平解决边界问题的和平环境。2003年6月，中国与印度签署了《中华人民共和国和印度共和国关系原则和全面合作宣言》这一指导新世纪中印关系发展的纲领性文件，中国重申了愿意通过平等协商，寻求公正合理以及双方都能够接受的方案解决两国边界问题的诚意。

## 第六节　"和谐世界"理念与和平共处
## 五项原则的升华

进入新世纪之后，国际关系和国际格局经历了深刻的调整和变革：全球化进程加剧，世界经济增长趋缓，国际金融市场风险增高。美国次贷危机和全球金融危机的爆发，导致全球生产、消费和投资活动受到抑制，世界经济不确定和风险因素明显增多。

全球问题凸显，恐怖主义和大规模杀伤性武器扩散威胁依然严峻，国际军控和裁军进程停滞不前，能源安全问题持续升温，气候变化成为国际社会关注焦点。各国纷纷推出各种倡议和主张。全球性问题推动全球性合作，国际秩序和国际体系孕育调整，各种新的合作机制加快形成。应对全球化挑战，各大国纷纷调整内外政策，进行体制机制变革，多边机制和大国合作增多，各大国都力求在新一轮综合国力竞争中赢得先机。

新兴力量发展迅速，世界多极化继续发展以中国、俄罗斯、印度、巴西、南非等为代表的一批新兴发展中大国发展势头迅猛，在全球政治、安全事务和国际体系中的作用和影响明显上升，成为牵动世界格局变化，推动多极化趋势发展的重要因素。

亚洲地区地缘政治格局孕育深刻变动。亚洲对世界经济增长的拉动性增大。东北亚地区局势屡陷危机，朝鲜半岛和东北亚安全合作机制建设问题受阻。亚洲区域合作进一步增强，东盟、上海合作组织、南盟等深化务实合作。

中国与世界的关系发生了历史性变化。经过30年改革开放，中国与世界形成了不可分割的命运共同体。中国提出坚持走和平发展道路，坚持互利共赢的开放战略，推动建设持久和平、共同繁荣的和谐世界。

2005年4月，胡锦涛主席参加雅加达亚非峰会，在讲话中提出，亚非国家应"推动不同文明友好相处、平等对话、发展繁荣，共同构建一个和谐世界"。同年7月，胡锦涛出访俄罗斯，"和谐世界"被写入《中俄关于21世纪国际秩序的联合声明》。"和谐世界"第一次被确认为国与国之间的共识，标志着这一全新理念逐渐进入国际社会的视野。9月，胡锦涛在联合国总部发表演讲，全面阐述了"和谐世界"的深刻内涵。2006年8月，胡锦涛在中央外事工作会议上的讲话中指出，推动建设和谐世界，是中国坚持走和平发展道路的必然要求，也是实现和平发展的重要条件。要致力于同各国相互尊重、扩大共识、和谐相处，尊重各国人民自主选择社会制度和发展道路的权利，坚持各国平等参与国际事务，促进国际关系民主化；致力于同各国深化合作、共同发展、互利共赢，推动共享经济全球化和科技进步的成果，促进世界普遍繁荣；致力于促进不同文明加强交流、增进了解、相互促进，倡导世界多样性，推动人类文明发展进步；致力于同各国加深互信、加强对话、增强合作，共同应对人类面临的各种全球性问题，促进和平解决国际争端，维护世界和地区安全稳定。

从和平共处五项原则到"和谐世界"理念，中国的独立自主和平外交政策得到理论升华，并进入到成熟发展阶段。中国丰富的外交活动实践了和谐世界外交理念。中国与世界各国的友好合作不断扩大和深化，积极参与国际安全合作及国际军控、裁军和防扩散进程，广泛参与应对气候变化、环境保护、能源安全等全球性问题，为推动和平解决朝核、伊朗核、苏丹达尔富尔等国际和地区热点问题发挥了重要的建设性作用。

2003年10月温家宝总理在出席东盟商业与投资峰会时进一步提出了"睦邻、安邻、富邻"的周边外交政策，并发表了题为《中国的发展和亚洲的振兴》的演讲。在讲演中，温家宝总理提出了"睦邻""安邻"和"富邻"的外交理念，并详细阐述了"睦邻""安邻"和"富邻"政策的具体内涵："睦邻"，就是继承和发扬中华民族亲仁善邻、以和为贵的哲学思想，在与周边国家和睦相处的原则下，共筑本地区稳定、和谐的国家关系结构；"安邻"，就是积极维护本地区的和平与稳定，坚持通过对话合作增进互信，通过和平谈判解决分歧，为亚洲的发展营造和平安定的地区环境；"富邻"，就是加强与邻国的互利合作，深化区域和次区域合作，积极推进地区经济一体化，与亚洲各国实现共同发展。

上海合作组织取得的一系列成果，《南海各方行为宣言》的签署以及朝核六方会谈的举行等，充分说明中国不仅在努力超越意识形态和社会制度的异同，摒弃冷战思维和传统安全观，而且还基于全球相互依存的新现实积极实践合作安全、共同安全和均衡安全，真正确保了中国与周边国家政治互信的建立和巩固。

2008年世界金融危机爆发后，世界经济陷入复苏乏力期。在这一大背景的影响下，世界政治形势发生深刻复杂的变化，尤其是中国周边环境变化剧烈，周边安全面临严峻考验。2009年7月22日，美国国务卿希拉里·克林顿在参加东盟外长扩大会议时高调宣布美国"重返亚洲战略"，美国加深对亚洲事务的介入。2012年6月，美国国防部长莱昂·帕内塔提出了美国"亚太再平衡战略"，指出美国将在2020年前向亚太地区转移一批海军战舰，届时将60%的美国战舰部署在太平洋。"重返亚洲战略"与"再平衡"主要是美国在利用中国周边个别国家对中国发展的疑虑，加固美国的战略地位。在美国"亚太再平衡战略"的直接影响之下，2012年9月，中国政府根据周边外交的复杂局势提出，中国希望同美国和其他亚太国家一道，努力共同构筑一个"开放包容、互利共赢"的亚太地区。

由于这一地区是中美两国利益交织最集中、互动最频繁的地区，一些对中国海洋权益图谋不轨的国家出于"恐华"心态，联手域外大国不断挑起本地区领土和海洋争端，黄海、东海、南海形势同时趋紧，三海局势联动效应超乎寻常。中国从维护国家主权的原则立场和"搁置争议、共同开发"的一贯主张出发，坚持开展有力有理有节的斗争，妥善处理了各种突发事件和棘手问题，有效地维护了国家海洋权益和领土主权，同时也规避了爆发正面冲突的各种风险。譬如，针对菲律宾挑起黄岩岛事件，中国加强了对菲外交斗争力度，同时既强化了有关海域巡航执法力度，又避免冲突扩大化和争议国际化。针对越南国会通过侵犯中国西沙和南沙主权的越南《海洋法》，持续抢先开发南海资源，中国采取一系列反制措施，宣布设立三沙市，公布有关海域油气招标区块。针对日本在钓鱼岛问题上动作频频，政府出面"购岛"，中国公布钓鱼岛及其附属岛屿的标准名称、领海基线，发表《钓鱼岛是中国的固有领土》白皮书，在钓鱼岛海域进行常态化执法巡航，切实行使对钓鱼岛及其附近海域的管辖。

在当前的国际环境和时代背景下，靠动武的冲动非但解决不了争端，更将毁掉中国和平发展的好前景。维护领土主权，更多体现为把握动态平衡的胆略，也就是坚持搁置争议、共同开发、对话谈判和平解决争端的原则，但面对任何国家试图单方面改变现状的挑衅绝不手软，借力打力，取得和扩大主动态势。中国周边存在较多热点问题，从朝鲜半岛到南亚局势，都直接牵涉中国的利益。中国应大力增加对地区传统、非传统安全合作的投入，增强在安全领域向周边国家提供"公共产品"的意识和能力。同时，更加积极地开展针对地区热点问题的预防外交和斡旋外交，旗帜鲜明地遏制损害地区和平稳定的倒行逆施，积极维护和平，在促成对话谈判达致共识。中国要走出一条广受认可的大国崛起之路，必须在合作共赢方面有更大作为。要深化经济外交，加强产业、金融、能源、生态合作，用利益的纽带把周边国家牢牢聚拢在自己身边。中国与东盟自由贸易区已全面建成，投资和服务贸易自由化建设要加紧进行。中日韩自贸区谈判业已启动，需迎难而上、稳步推进。上海合作组织正由以安全协作为单一重心向安全、经济合作双重心转变，应全力推进，缔造周边经贸合作东西两翼并重的格局。中国、南亚经贸合作缺乏有力的区域机制依托，这与南亚"印度独大"的地缘政治面貌有关，但中国在南亚也有独特影响力，完全可以循双边主要途径、依托相互投资、工程承包、能源合作等重点，求得合作水平的有力提升。

中国虽然是近代国际政治的后进者，但随着综合国力的不断提升和国际影响力的不断增强，中国在国际舞台上已不再是旁观者和被动参与者，而是直接参与者和塑造者。中国有按照自己的方式表达其利益关切的内在需要。从对世界革命的呼唤到"三个世界"的划分，从建立国际政治经济新秩序的坚持到"和谐世界"理念的提出，中国的世界观日趋成熟。继"和谐世界"理念之后，中国还相应提出了"和谐地区""和谐亚洲""和谐亚太"以及"和谐周边"等具体的和谐理念，以促进"和谐世界"在周边外交中的落实。"和谐世界"理念不仅承袭了古代中国"亲仁善邻""以和为贵"的理念，而且为未来国际秩序的构建注入了公平正义的价值追求，展示了中国和平发展的大国胸怀。

# 第五章　和平共处五项原则与国际关系

和平共处五项原则历经60年国际风云变幻的考验，对国际关系的影响力经久不衰，在国际社会深入人心，显示出强大的生命力。这种生命力源于其多方面的理论价值和实践意义：第一，和平共处五项原则反映了国际关系的本质特征，在理论上维护了国际关系的法理基础，在实践中顺应了历史进步潮流；第二，和平共处五项原则对于处理国际关系具有很强的普适性，能够为不同类型的国家普遍接受；第三，和平共处五项原则是反对霸权主义的强大思想武器；第四，和平共处五项原则有利于正确引导和驾驭经济全球化；第五，倡导和平共处五项原则有利于促进世界人权事业的健康发展；第六，和平共处五项原则为推动建立公正合理的国际新秩序指明了方向。

## 第一节　和平共处五项原则与《联合国宪章》

1945年10月，第二次世界大战的硝烟刚刚散去，承载着"欲免后世再遭今代人类两度身历惨不堪言之战祸"这一重大历史使命的《联合国宪章》就应运而生，成为全球最具普遍性的综合性国际组织——联合国的行动纲领，其宗旨和原则更成为国际社会公认的国际法基本原则和现代国际法最重要的渊源之一。时隔不到9年，即1954年，中国、印度和中国、缅甸共同倡导了著名的和平共处五项原则。和平共处五项原则继承和丰富了《联合国宪章》的基本内容，经过几十年的实践，已从当初为处理国与国之间的双边关系而制定的规范发展成为指导国际关系的基本准则。1955年的亚非会议十项原则实际上就是和平共处五项原则的引申和发展。自和平共处五项原则提出以来，小国在与其建交的所有国家的建交公报或联合声明中，均无一例外地承认和重申了和平共处五项原则，反映了国际社会对和平共处五项原则的高度认同。回首战后风云际会的国际关系史，近观当前错综复杂的国际局势，历史与现实表明：和平共处五项原则与《联合国宪章》之间有着天然的联系，二者相辅相成，共同构成指导国际关系的基本准则；和平共处五项原则与《联合国宪章》仍具有强大的生命力。正如联合国前秘书长加利所说，那些赞成多边主义并尊重五项原则的人士相信变革会受到美国市民社会的推进。

## 一、和平共处五项原则体现了《联合国宪章》的精髓

作为国际法的基本原则和处理国家间关系的基本准则，和平共处五项原则既是对《联合国宪章》宗旨和基本原则的遵循和继承，同时也是一种发展和补充。英国学者布朗利就曾指出，许多国家都接受了和平共处五项原则，并且把它同《联合国宪章》和《巴黎非战公约》相提并论或者作其补充。《联合国宪章》第二条第七款明确提出："本宪章不得认为授权联合国干涉在本质上属于任何国家国内管辖之事件，且并不要求会员国将该事项依本宪章提请解决。"

互相尊重主权和领土完整、互不侵犯、互不干涉内政、平等互利、和平共处是和平共处五项原则的主要内容。《联合国

宪章》包含四大宗旨和七大原则。四大宗旨是：维持国际和平安全；发展国际间以尊重人民平等权利及自决原则为根据之友好关系，并采取其他适当办法，以增强普遍和平；促成国际合作，以解决国际间属于经济、社会、文化及人类福利性质之国际问题；构成一协调各国行动之中心，以达成上述共同目的。

七大原则是：本组织系基于各会员国主权平等之原则；各会员国应一秉善意，履行其依本宪章所担负之义务，以保证全体会员国由加入本组织而发生之权益；各会员国应以和平方法解决其国际争端，避免危及国际和平、安全及正义；各会员国在其国际关系上不得使用威胁或武力，或以与联合国宗旨不符之任何其他方法，侵害任何会员国或国家之领土完整或政治独立；各会员国对于联合国依本宪章规定而采取之行动，应尽力予以协助，联合国对于任何国家正在采取防止或执行行动时，各会员国对该国不得给予协助；本组织在维持国际和平及安全之必要范围内，应保证非联合国会员国遵行上述原则；本宪章不得认为授权联合国干涉在本质上属于任何国家国内管辖之事件。

　　稍加分析和比较就不难看出，无论从历史还是内容上讲、二者之间的继承性都是十分明显的。从历史上看，中国是发起制定《联合国宪章》的四个国家之一，包括中国共产党人董必武在内的中国代表团参加了旧金山制宪会议，而且"中国人民一贯支持《联合国宪章》的宗旨和原则"，因此，中国在制定和平共处五项原则时必然会受到《联合国宪章》的影响，这是符合历史逻辑的。

从内容上讲，和平共处五项原则的宗旨与《联合国宪章》的宗旨是一致的，和平共处五项原则的创始人周恩来总理明确指出，和平共处五项原则"完全符合联合国宪章的宗旨"。在宪章七大原则中，除五、六两项外，其他原则都与和平共处五项原则中的相关原则相近或类似。因此中国著名的国际法学家王铁崖强调："和平共处五项原则是从联合国宪章受到直接启示的"，二者是"有着天然的联系的"。

与此同时，和平共处五项原则也在一定程度上丰富和发展了《联合国宪章》的内容。第一，和平共处五项原则中第一条是"互相尊重主权和领土完整"，这与《联合国宪章》中的原则一和原则四的内容相吻合。但"互相尊重主权和领土完整"将主权和领土完整两个概念合为一体，突出了领土是国家存在的物质基础，是国家行使主权的空间范围，强调国家主权是不可侵犯的，而侵犯一国领土就是侵犯该国的主权。同时"互相"一词的使用突出了相互的概念，表明主权原则不是绝对的，而是属于相对性质的原则，这不仅丰富和发展的《联合国宪章》的内容，而且"对于国际法基本原则的发展做了有意义的贡献"。

第二，《联合国宪章》的原则七所表述的不干涉内政原则，主要是针对联合国与成员国的关系，而和平共处五项原则中的"互不干涉内政"原则针对的是国家之间的关系，丰富了《联合国宪章》原则七的内涵。

第三，《联合国宪章》的第三项宗旨从宏观上强调为解决国际经济、社会等各种问题，国家间应加强合作、睦邻友好，但如何开展并无具体说明。而平等互利的原则强调在各国交往与合作中必须保证法律形式的平等外，还必须保证合作是互利的，是"双赢"和"多赢"。这为实现《联合国宪章》的上述宗旨提供了现实可行的路径。

第四，《联合国宪章》序言呼吁各成员国"力行容恕，彼此以善邻之道，和睦相处"，这在一定程度上体现了和平共处的思想，但不很明确。而和平共处五项原则明确提出了国家间和平共处的原则。和平共处作为一种思想和政策最早源自列宁。但当时列宁是针对不同社会制度国家间的关系而言的，而和平共处五项原则中的和平共处则强调世界上的一切国家无论社会制度相同与否，都应和平共处，即和平地共存于一个地球之上，友好地往来，善意地合作，并以和平方法解决彼此的争端。这一思想突出反映在周恩来总理1954年6月27日在新德里记者招待会上的讲话。他指出："世界各国不分大小强弱，不论其社会制度如何，都是可以和平共处的。"

第五，《联合国宪章》是世界公认的极其重要的国际法文献，国际法的基本原则就集中体现在宪章的序言、宗旨和原则部分。而和平共处五项原则又是对体现于宪章序言、宗旨和原则部分的国际法基本原则更高度的浓缩和集中反映。在和平共处五项原则中，主权原则最重要，互不侵犯、互不干涉内政、平等互利三项原则是国家间正常交往和友好合作的基本保证，只有坚持以上四项原则，才能实现国家之间的和平共处。和平共处五项原则内容明确清晰、逻辑严密周正、语言干净利落，形成一个统一的有机整体，构成了现代国际法的核心。

## 二、《联合国宪章》与和平共处五项原则的相辅相成

对《联合国宪章》的深刻理解有助于充实和平共处五项原则的内涵。

第一，和平共处五项原则倡导和平共处。《联合国宪章》在以下两方面体现出对和平共处原则的支持：首先，国家间相处发生争端是难免的，《联合国宪章》具体提出以和平方法解决国家间出现的争端，"各会员国应以和平方法解决其国际争端，避免危及国际和平、安全和正义"。其次，联合国宪章设计了集体安全机制以维护世界和平，为和平共处提供了制度上的保证。虽然由于强权政治和霸权主义的影响，联合国的集体安全机制未能充分发挥作用，但它毕竟在一定程度上提高了国家间和平共处的现实可能性。

第二，和平共处五项原则的第一项是"互相尊重主权和领土完整"，基于《联合国宪章》的精神，联合国大会于1970年通过了《关于各国依联合国宪章建立友好关系及合作之国际法原则之宣言》，对主权原则的具体内容做出如下规定：所有国

家法律上一律平等；各国家享有充分主权所固有的权利；各国有义务尊重其他国家的人格；一国的领土完整和政治独立不可侵犯；各国有权自由选择和发展本国的政治、社会、经济和文化制度；各国有义务充分遵守并诚实履行自己的国际义务，与其他国家和平相处；这些原则的确立使《联合国宪章》中载明的主权原则更加详实，也可理解为明确支持"互相尊重主权和领土完整"的原则。

第三，和平共处五项原则强调互不侵犯、互不干涉内政，联合国大会于1965年12月通过了《关于各国内政不容干涉及其独立主权之保护宣言》，对《联合国宪章》的规定作了重要补充和完善。使这方面的内容更加具体和明确："任何国家，无论基于何种理由，均无权直接或间接干涉其他国家的内政和外交。因此武装干涉和其他任何形式针对一国本身或其政治、经济和文化事宜的干涉或威胁企图，均在谴责之列。任何国家均不得使用经济、政治或任何其他形式的方法，胁迫他国在行使其主权时屈从于自己或从该国谋取任何利益。同样，任何国家亦不得组织、发动、资助、挑起或容忍颠覆、恐怖或武装活动，以其达到武力推翻另一个国家的政权或介入另一个国家的内乱。"

和平共处五项原则与《联合国宪章》有密切关系，和平共处五项原则以《联合国宪章》为基础，在继承《联合国宪章》主要内容的同时，又有所发展和创新。而深刻理解《联合国宪章》的精神则有助于充实和平共处五项原则的内涵，和平共处五项原则和《联合国宪章》一同为反对强权政治和霸权主义，维护世界和平和促进发展发挥了重要作用。

### 三、和平共处五项原则和《联合国宪章》同样具有强大生命力

首先，在国际关系中，国家主权原则不可超越。尽管国际形势发生了重大变化，人们对国家的作用也提出了种种质疑。基本的事实是：在可预见的将来，无论是国际组织、跨国公司还是非政府组织都无法取代国家而更好地发挥保障人民安全和福利的作用。国家仍然是当今国际关系最重要的行为体。因此国家主权具有不可替代的存在价值。国家主权原则也依然被奉为处理国家间关系最基本的准则。至今没有任何国家和国际组织公开否定国家主权的合法性。

其次，国际关系中的一些客观变化所导致的对国家主权的侵蚀与和平共处五项原则和《联合国宪章》的基本原则并不矛盾。人们对主权受到的客观侵蚀所产生的疑惑往往是由于将主权概念绝对化的结果。对国家主权的客观侵蚀集中反映在经济全球化和区域一体化导致的国家对部分主权的让渡，揭示了主权是相对的而非绝对的概念。和平共处五项原则第一条"互相尊重主权和领土完整"，"互相"一词的使用突出了相互的概念。表明主权原则不是绝对的，而是属于相对性质的原则，只要是各国出于自愿，并无损于国家主权原则。和平共处五项原则连用四个"互"，强调权利和义务的统一，突出相对性，与国际关系的现实是完全吻合的。而联合国之所以能在国际事务中发挥其他国际组织无法取代的作用，也正是联合国坚持《联合国宪章》的基本原则，导致成员国积极合作，共同承担义务的结果。因此，对国家主权的客观侵蚀与坚持和平共处五项原则及《联合国宪章》的基本原则并不冲突，恰恰相反，它说明和平共处五项原则和《联合国宪章》作为国际法的基本原则科学反映了国际关系运行的内在逻辑和要求，充满了丰富的辩证法思想。

再次，坚持和平共处五项原则和《联合国宪章》是时代的需要。和平与发展仍然是当今时代的主题。而求和平、谋发展正是和平共处五项原则和《联合国宪章》的基本目标。因此我们的时代需要和平共处五项原则和《联合国宪章》。

和平共处五项原则经受住了世界风云变幻的考验，逐渐为国际社会普遍接受，成为指导国际关系的基本准则。近年来，国际上围绕建立新形势下的国际秩序问题，进行了诸多尝试和探索。世人由此也得出了相同的结论：在今天这一相互依存而又多元多样的世界上，作为指导国际关系的基本理论，最有生命力的仍是和平共处五项原则。

## 第二节　和平共处五项原则与国际法

和平共处五项原则是在国际法原有进步和民主原则的基础上，根据变化了的国际形势和新的时代特点而提出的。事实上，和平共处五项原则的倡导和传播，不仅使《联合国宪章》宗旨的实现得到了更有力的保证，也使国际法的基本原则得到了新的发展，它既是国际法的新发展，又为国际法的进一步发展开辟了道路。这在国际法历史上是一个伟大的创举。它作为指导当代国际关系的完整的法律原则体系而提到世界面前，成为当代国际法的基础。

第二次世界大战之后国际关系的主要特征之一是独立国家的兴起，这对战后国际法的发展有着重要的影响。在新独立国家的要求下，产生了新的国际法原则、规则、规章和制度，既适应新的国际关系的需要，又对原来的国际法发生改造的作用。中华人民共和国和印度、缅甸首先倡议的互相尊重主权和领土完整、互不侵犯、互不干涉内政、平等互利、和平共处五项原则，既体现着联合国的宗旨和原则，又得到第三世界国家以及其他国家的赞同和承认，成为现代国际法的基本原则，就是一个显著的例子。

60年来，尽管国际关系经历了各种风云变幻，但和平共处五项原则经受住了严峻的考验，显示出强大的生命力和科学性，并且日益深入人心，被越来越多的国家所接受，愈来愈成为当代国际关系中公认的基本和普遍的原则，为国际法的进一步发展奠定了基础。

## 一、和平共处五项原则是公认的国际法准则

和平共处五项原则首先出现在亚洲，是时代的要求和产物。第二次世界大战以后，民族独立运动的风暴席卷全世界。从20世纪40年代后期到20世纪50年代，亚洲处于这场风暴的中心。同时，随着战后老牌帝国主义的衰落，新的超级大国走上了国际政治舞台，开始形成新的两极对峙。他们不甘心大批新独立国家的建立，采取经济压迫、军事威胁、政治讹诈甚至直接入侵等一切手段，威胁许多国家的主权和领土完整。新诞生的中华人民共和国，同其他新独立的国家一道，迫切需要和平稳定的国际环境，呼唤新型的处理国家关系的原则和平等的国际关系，以同所有国家和平共处，维护国家主权，振兴民族经济，建设自己的国家。和平共处五项原则应运而生。因此，和平共处五项原则问世后立即被应用在许多双边和多边的条约和协定以及其他国际法律文件之中，包括政府声明和国际组织决议，并出现在许多政治家的演讲中。据统计，从1954年开始到现在，这类文件已达到200件。因此，和平共处五项原则是具有非常高的普遍性的。

和平共处五项原则提出之后被载入了《中华人民共和国宪法》以及中国政府同100多个国家政府签署的双边条约中。按照和平共处五项原则，我国同缅甸、尼泊尔、蒙古等邻邦签订了边界条约，通过友好协商、互谅互让，圆满地解决了历史上遗留下来的边界问题。这些文件和条约包括《中华人民共和国政府和越南民主共和国政府的联合公报》（1955年7月7日）；《中华人民共和国国务院总理周恩来和柬埔寨王国首相诺罗敦·西哈努克亲王联合声明》（1956年2月18日）；《中华人民共和国和缅甸联邦边界条约》（1960年10月1日）；《中华人民共和国和尼泊尔王国边界条约》（1961年10月5日）；《中华人民共和国和蒙古人民共和国边界条约》（1962年12月26日）；《中华人民共和国政府和巴基斯坦政府关于中国新疆和由巴基斯坦实际控制其防务的各个地区相接壤的边界的协定》（1963年3月2日）；《中华人民共和国和阿富汗王国边界条约》（1963年11月22日）；《中华人民共和国和印度尼西亚共和国关于双重国籍问题的条约》（1955年4月22日）；《中国处理同阿拉伯国家和非洲国家关系的五项原则》（1963年12月21日）；《中华人民共和国政府和阿拉伯联合共和国政府联合公报》（1963年12月21日）；《中华人民共和国政府和阿尔及利亚民主人民共和国政府联合公报》（1963年12月27日），等等。

1972年中日两国政府联合声明和1978年中日和平友好条约分别规定，在和平共处五项原则的基础上建立和发展两国间持久的和平友好关系。1972年、1979年和1982年中美签订的三个联合公报均载明或重申各国不论社会制度如何，都应根据和平共处五项原则来处理国家关系。

新中国建立60多年以来，在和平共处五项原则的基础上，中国同172个国家建立和发展了外交关系，与200多个国家和地区开展了经贸、科技、文化交流与合作。正如温家宝总理在纪念和平共处五项原则创立五十周年纪念大会上所述："和平共处五项原则提供了相同或不同社会制度的国家建立和发展关系的正确指导原则；和平共处五项原则指明了和平解决国家间历史遗留问题及国际争端的有效途径；和平共处五项原则有力地维护了广大发展中国家的利益，促进了南北关系的改善和发展；和平共处五项原则为推动建立公正合理的国际政治经济新秩序奠定了重要的思想基础。"

由于和平共处五项原则受到世界各国的普遍赞扬和重视，在许多国际公约和文件中大量被引用。

如前文所述，和平共处五项原则与《联合国宪章》的宗旨和原则是一致的。《联合国宪章》是一个多边性的国际公约，又是带有立法性质的文件，它所确立的一些原则是公认的国际法准则，对所有国家具有拘束力，而和平共处五项原则无论从文字到内容上都完全符合联合国宪章的要求。也由于和平共处五项原则与《联合国宪章》的宗旨和原则的一致性，从而使它成为国际法的基本原则。

和平共处五项原则反复出现在一些国际条约和国际组织的决议中。1955年的亚非会议是五项原则发展史上的重要里程碑。《亚非会议最后公报》确定的"促进世界和平和合作的十项原则"中，前六项原则都与和平共处五项原则精神相一致，这对五项原则的传播和推广起到了巨大作用。在1957年第十二届联大上，通过了写有和平共处五项原则基本内容的《各国和平和睦邻关系》的决议，五项原则第一次以联大决议的形式得到国际范围的确认。1970年的《国际法原则宣言》列举的原则与和平共处五项原则有着密切的联系。1974年联大通过的《各国经济权利和义务宪章》的前五项原则与和平共处五项原则在措辞上更接近了。

在多边条约方面，1961年9月在贝尔格莱德举行的有25个国家参加的第一次不结盟会议，其宣言认为和平共处五项原则是代替"冷战"和避免发生全面核战争的唯一途径。1962年7月23日，在第二次日内瓦会议上签署的关于老挝中立的宣言，承认并尊重老挝中立，宣言第一条规定，老挝"在对外关系中坚持奉行和平共处五项原则的各项内容"。2002年11月4日，东盟各国和中国在金边签署了《南海各方行为宣言》。和平共处五项原则被明白无误地写入了宣言中。显然，在处理南中国海地区潜在冲突问题的主要计划中，和平共处五项原则的规范作用得到了认可。此外，在亚洲地区，和平共处五项原则已经成为维护和平、处理和解决现在或潜在冲突的显著力量。印度尼西亚前总统顾问纳纳·苏特里斯纳说："人们也许试图推测，如果冲突各方能更慎重地尊重五项原则，那么这些冲突将不会发生，或者立即得以解决而不是持续多年，这一地区也会变得更为稳定和安全。"

## 二、和平共处五项原则的根本是主权原则

国家主权原则是其他任何原则的基础和核心，国际法领域

的原则、制度都是从它引申和派生出来的，也就成为整个国际法的基础和规范国际关系的基础。联合国宪章和联合国的其他重要的国际法律文件对国家主权原则的规定，从法律上奠定了国家主权原则的重要地位。正如日本学者指出的："当代国际法的倾向是维持民主国家主权并存体系的结构。"和平共处五项原则把主权原则放到了一个至高无上的地位，正是符合当代国际法的这一倾向的。

在这中间，最重要的是国家主权原则。虽然这一原则在资产阶级革命时期开始形成，但在当今国际关系中仍然具有生命力和指导的法律意义。主权原则位居和平共处五项原则之首，它联系着领土完整原则并为不干涉和不侵犯等原则所补充，平等互利原则是国家主权原则的具体体现，而和平共处原则则是主权原则的目的。

然而，主权却是国际法上最有争议的概念之一。对这一原则的理解，各国存在着截然不同的理论和做法。有的认为主权原则已经过时，主权已成为国家履行国际义务和国际合作的严重障碍；有的将国家主权分为"主权行为"和"非主权行为"，进而对主权加以限制；有的为保护主权而关闭国门，禁止同外国交往。随着全球化大潮的汹涌澎湃，国家之间的交往日益频繁，国家之间的距离逐渐缩小，国际组织林立已成为当今社会的一大特色。但是国家的界限仍然存在，国际秩序依然未改，国际争端依然发生，这就要求我们认清这一形势，并寻求一种有利于解决矛盾的方式。第三世界国家认为，国家主权是神圣不可侵犯的，国家的一切活动都从国家主权这一基点出发，也以维护国家主权为活动的中心。因为，只有坚持主权，它们才能维护真正的独立自主，才能在国际上获得一切合法权益的平等地位，才能消除帝国主义、殖民主义的压迫和剥削的残余，防止重新陷入被压迫和被剥削的地位。

总之，和平共处五项原则首先突出了国家主权原则的重要性，切中了国家之间关系的要害，符合国际关系发展的特点，顺应了时代的要求，是维持国际和平与安全的最有力的武器。

## 三、不干涉内政原则推动当代国际法的发展

不干涉内政原则是国际关系和国际法上的一项基本原则。就是说，每个国家都有平等的主权，每个民族都有决定自己命运的权利，任何国家或任何国际组织都无权以任何方式去

干涉其他国家在本质上属于国内管辖的事物。

16世纪法国哲学家让·博丹提出"国家主权"概念奠定了不干涉内政原则的理论基础，而结束三十年战争的《威斯特伐利亚和约》则奠定了这一原则的实践基础。第一次世界大战后，不干涉内政原则成为一项国际法基本原则。在经历了两个多世纪的发展后，不干涉内政原则才被创建国际联盟的《国际联盟盟约》所承认。1919年《国际联盟盟约》第十五条第八款规定："如争执各方任何一方对于争议自行声明并为行政院所承认，按诸国际法纯属该方国内管辖之事件，则行政院应据情报告，而不作解决该争端之建议"。1945年《联合国宪章》第二条第七款规定："本宪章不得认为授权联合国干涉在本质上属于任何国家国内管辖之事件，并且不要求会员国将该项事件依本宪章提请解决：但此项原则不妨碍第7章内执行办法之适用。"这一规定将不干涉内政原则一般化，上升为约束联合国组织及其会员国行为的七项原则之一，是对不干涉内政原则的重要发展。因此，直到第二次世界大战结束，不干涉内政原则才得以在国际社会规范普及。

中、印、缅三国共同倡导的和平共处五项原则将"不干涉内政"补充为"互不干涉内政",表明在国际关系特别是在双边关系中权利和义务的一致性。将权利和义务统一于一项原则中,是对不干涉内政原则的进一步发展。1965年联合国通过的《关于各国内政不容干涉及其独立与主权之保护宣言》特别强调:"任何国家,不论为何理由,均不得直接或间接干涉其他国家的内政、外交;不得使用政治、军事、经济等措施威胁他国,以使其屈服;不得组织协助、制造、资助、煽动或纵容他国内部颠覆政府的活动;不得干涉另一国的内乱。"联合国1970年10月通过的《关于各国依联合国宪章建立友好关系及合作的国际法原则宣言》重申:"各国严格遵守不干涉任何他国事务之义务,为确保各国彼此和睦相处之主要条件";"任何国家或国家集团均无权以任何理由直接或间接干涉任何其他国家之内政或外交事务。因此,武装干涉及对国家人格或其政治、经济和文化要素之一切其他形式之干预或试图威胁,均系违反国际法。"以上规定都确定并强调了互不干涉内政原则,提出对干涉内政的行为不仅要进行谴责,而且还确认是"违反国际法"的,应负国际责任,这是对国际法的重要补充和发展。

中国一直是不干涉内政原则的坚定践行者，这一独树一帜的外交原则及其实践，曾为中国赢得了国际尊重，帮助中国在国力尚很弱小，经济尚未强大的情况下奠定了世界政治大国地位。在所有大国里面，中国是唯一将互不干涉内政这一国际法基本原则发扬的最坚定最充分的国家。这已经成为中国国家形象的重要依靠和组成部分，尤其在发展中国家里，为中国赢得了很高的声望。

但随着国际规范的发展和中国自身的崛起，西方国际社会对中国继续坚持互不干涉内政原则的质疑声音有增大的趋势。但事实上，无论是从主权国家仍将在较长时间内保持其最为重要的国际行为体的地位的必然推论，抑或是从互不干涉内政原则本身的国际规范生命周期仍处于规范内化阶段的内在逻辑，还是从中国的外交传统和使命的历史要求看，继续坚持互不干涉内政原则都具有更大的合理性和合法性。

首先，中国对外部干涉有着沉痛记忆，不期望被其他国家干涉。从1840年第一次鸦片战争直到1949年新中国成立，中国人民为了摆脱外部干涉，进行了长达一个世纪之久的艰苦斗争。也正由于外部干涉，中国的国家统一大业迄今尚未真正完成。"已所不欲，勿施于人"，坚持互不干涉内政原则首先是出于不被他国干涉自身内政的愿望和需要。其次，坚持互不干涉内政原则是中国外交的一项基本原则和优良传统，受到国际社会特别是中小发展中国家的广泛欢迎。中国不仅自己坚持互不干涉内政原则，而且反对别国干涉非洲及其他国家的内部事务，在国际舞台上为广大发展中国家仗义执言。正因如此，坚持互不干涉内政原则已成为中国外交的"魅力攻势"和软实力的重要来源。再次，坚持互不干涉内政原则对中国外交也具有极强的现实意义。一方面，互不干涉内政原则奠定了中外关系的战略和政治互信基础，是中外关系持久发展的内在动力；另一方面，互不干涉内政原则也符合中外双方的共同利益，特别是中国依据互不干涉内政原则而坚持对外援助不附加条件，极大地促进了发展的有效性。最后，中国提出推动建设和谐世界的远大目标，其核心也是坚持互不干涉内政原则。只有坚持这一原则，才能在国际关系中弘扬民主、和睦、协作、互赢精神，才能在政治上相互尊重、平等协商，共同推进国际关系民主化。

自新中国成立至今，中国坚持互不干涉内政原则的具体实践经历了四个阶段的发展，从捍卫式倡导到不偏不倚，再到建设性调解，现在已进入更为积极主动的参与式倡导阶段。虑及国际国内环境的发展，中国未来需要加大力度完善目前正在形成中的参与式倡导方法，特别是在集体制裁努力中坚持建设性调解、倡导主导国家机制、推动制定明确但灵活的时间表、坚持解决条件的明确性和不可更改性以及"为服从提供奖励"等原则，实现参与但不干涉，在参与中坚持不干涉。

展望未来，中国可以将自己所探索的做法和理念，将实践不干涉内政原则的"中国特色"，发展升华为得到世界广泛认可的国际法与国际关系规范，使其成为国际社会在新时期进步和发展的源泉之一，为人类文明的进步做出自己更大的贡献。

## 四、和平共处五项原则是解决国际争端的基本准则

由于各国的经济、政治、军事等方面发展的不平衡，就必然会产生国家间分歧和冲突，国际争端在我们这个社会还难以从根本上避免。自二战以来，世界虽有全球性的战争爆发，但民族之间的，地区性的，乃至世界性的争端都时有发生。战

后几十年来，在发生的冲突中损失的人力、物力、财力远远超过两次世界大战的总和，战争给人类带来灾害，战争也教育了人类，人们反对战争，反对侵略，要求和平，要求发展的呼声日益高涨。国家之间有了争端并不可怕，关键在于选择一个切实可行的方法解决。实践的经验告诉我们，和平共处五项原则是处理国家之间关系最基本的准则，也必然成为解决国际争端的基本准则。相反，实施霸权，必然加剧地区间的紧张局势，危害世界和平。真正运用和平共处五项原则处理国与国之间关系就会赢得广大国家的尊重、支持和信任，也有利于矛盾的解决。

1982年4月到6月间，英国和阿根廷为争夺马尔维纳斯群岛的主权而爆发了战争。英国作为老牌世界强国，运用军事手段解决争端，导致两国武装冲突。虽然英国后来占据了该岛，但双方在冲突中两败俱伤，损失了大量的人力、物力、财力，也加剧了世界的紧张局势。时至今日，马尔维纳斯群岛的归属问题仍然没有得到解决。

而中英关于香港问题的和平解决，则是利用和平共处五项原则解决国际争端的成功范例。香港问题是历史问题，如何正确处理关系到中英两国的切身利益，同时也关系到香港的繁荣与稳定，正是本着这种负责的态度，中英两国在和平共处五项原则的基础上签署了《中英两国关于香港问题的联合声明》，做出了香港于1997年7月1日回归中国的规定，成功地解决了两国历史上遗留下来的问题。

和平共处五项原则强调的是和平，正如邓小平所说："运用和平共处五项原则，甚至可以消除国际争端中的一些热点、爆发点。"中国对国际争端和地区冲突，诸如阿富汗问题、柬埔寨问题、两伊战争、中东问题、阿富汗战争、伊拉克战争、朝核问题，等等，均以和平共处五项原则为指导，主持公道，伸张正义，不谋求私利，为这些问题的和平解决做出了很大努力，赢得了国际社会的普遍赞赏。

和平共处五项原则中的互不侵犯原则，直接阐明了国家之间在发生纠纷或争端时，应通过和平方法予以解决。各国在其相互关系中，不得以任何借口进行侵略，不得以违反国际法的任何其他方法使用武力或以武力相威胁，侵犯另一国的主权和领土完整，不得以战争作为解决国际争端的方法。这项原则的主要目的在于禁止侵略，禁止非法使用武力，禁止用武力的方法解决国际争端，否则就是违反国际法的，要承担相应的国际责任。

和平共处五项原则中的和平共处原则也再次确认了和平解决国际争端。它指出各国应当友好相处，共存于国际社会，促进国与国之间的相互了解与合作，在发生争端时应当用和平的方式解决国际争端而不应该诉诸武力。这与国际法律文件所肯定的原则是一致的。《联合因宪章》第二条第三款规定："所有会员国应该用和平的方法解决它们的争端。"宪章确认，这一原则构成宪章解决国际争端各条款的基础，并成为国际法上集体安全制度的重要原则之一。《国际法原则宣言》也指出："每一国应以和平方法解决国际争端，避免危及国际和平、安全及正义。"国际实践证明：国际争端只有通过和平解决，才能真正促进国际和平与安全。以战争、武力或武力相威胁的强制方法，不仅不能从根本上解决争端，反而会激化有关的敌对情绪，而且有可能使争端扩大和升级，成为冲突和战争的导火线。对此、《联合国宪章》第三十三条规定了一些和平方法如谈判、调查、和解、斡旋、仲裁、司法解决、利用区域机构或区域协定等。这些都可以说是在和平共处五项原则的框架下的具体方法，其目的就在于实现国家之间真正的和平共处。

虽然具体的和平共处等五项原则都是国际法上早已存在的原则，但和平共处五项原则是在人类已经积累的经验的基础上，根据20世纪50年代国际形势新发展的需要，第一次作为一个不可分割的整体，一个指导当代国际关系的原则体系提到世界面前，而且赋予它新的时代含义，这就是对国际法的重大发展。

## 第三节　和平共处五项原则与多边主义

多边主义是指"两个以上的国家进行国际合作，旨在解决国际问题、处理由于国际关系中人们所认知的或实际存在的无政府状态所引发的冲突"。按照美国学者约翰·鲁杰的解释，"多边主义是一种在广义的行动原则基础上协调三个或者更多国家之间关系的制度形式"。中国一些学者认为"多边主义是指世界各国在国际事务应相互尊重、平等协商、加强合作、反对一国一意孤行，无礼对待别国"。

多边主义是认识和分析国际关系的一种途径和实现国家大量合作的方式，以及对国际普遍的行为准则和规制的重视和遵守。作为一种着眼于发展国家之间良性互动的社会性安排，协调与合作是多边主义的基本特征。全球化时代的到来，突破了多边主义的"国家"及"国际"的框架，它成为多方参与的全球共治，以预先协调的方式处理一些公共性问题，为此提供有效性和合法性，使其在全球社会及其治理中占据极其重要的地位。

多边主义主要包括体系层次上的全球多边主义、亚体系层次上的区域多边主义，以及单位层次上的国家多边主义，强调从个体到整体的合作性的互动实践方式，以及从全球到区域的多边制度结构。多边主义是关涉世界如何运转的一种信念，全球化时代赋予它新的生命力。

多边主义主要有两大潮流：一是和平的多边主义；二是暴力的多边主义。前者是行王道，而后者则是搞霸道。这两大潮流较量的结果将决定人类社会能否实现可持续安全。

和平的多边主义提倡各国通过多边对话等和平方式谋求国际协调与合作，促进世界和平与发展。它充分体现了《联合国宪章》的宗旨和原则，因而不仅是一种国际道义，而且是国际法准则。暴力的多边主义则主张仰仗军事同盟，建立军事优势，采用军事手段，发动军事打击，以谋求国际主宰地位和单方面的安全利益。

　　中国政府自20世纪50年代提出并倡导和平共处五项原则以来，秉承和平的多边主义，主张把相关多边机制，例如全球性和区域性组织，作为化解矛盾而非制造分歧的场所，努力商讨如何解决当前相关国家面临的重大难题和多数成员最关心的重大议题。正如邓小平所指出："处理国与国之间的关系，和平共处五项原则是最好的方式。""总结国际关系的实践，最具有强大生命力的就是和平共处五项原则。"因为和平是社会主义的本质特征之一，强调"我们搞的是有中国特色的社会主义，是不断发展生产力的社会主义，是主张和平的社会主义"。

　　中国著名的国际关系学者庞中英指出："没有比多边主义更好的全球治理方式。"但多边主义的致命弊端是效率低下。无效的多边主义的一个根源是缺乏国际领导。为了解决多边主义的有效性问题，国际领导问题是关键。冷战结束之后，在全球层次，世界贸易组织、联合国等国际组织谋求深入革新，并且得到了越来越多国家的支持和大力推动。在地区层次，不仅欧盟的多边主义在继续，而且在世界其他地区，多边主义也获得不同程度的发展。在这一过程中，中国应当如何面对和发挥国际领导作用，无疑是一个关键性的问题。

冷战结束后，美国拒绝参加一系列重要的国际协定，这意味着当今世界的一系列新的规则和制度并不是美国带头制定的。美国害怕这些共同规则，例如，1997年对《关于禁止使用、储存、生产和转让杀伤人员地雷及销毁此种地雷的公约》；2001年3月，布什政府以"减少温室气体排放将会影响美国经济发展"和"发展中国家也应该承担减排和限排温室气体的义务"为借口，宣布拒绝批准《京都议定书》。美国在2009年以前甚至拒绝签署《东南亚友好合作条约》。于是，在包括气候变化问题在内的一系列当今世界紧迫问题的解决上出现了新的国际领导势力，它们推动形成没有美国的、非霸权的国际合作。

改革开放以后，随着中国越来越融入到国际体系中，国际社会希望中国能在国际事务中承担更多的国际责任，中国也希望建立本国"负责任大国"的良好国际形象，积极参与国际制度，平衡把握好中国的国际责任与不干涉内政原则之间的张力是我国外交的一个新课题。而且中国毕竟是国际制度的后发参与者，缺乏处理国际事务的外交经验，同时我国的工作重心依然是致力于国内经济社会发展，对许多其他地区所发生的问题的来龙去脉缺乏深入细致的了解，因而以上这些中国之"短"

正是相关地区性国际组织之"长"，中国的外交应该善于取长补短。

作为"负责任的大国"，中国应承担与自己能力相适应的国际责任和义务，这符合中国的原则和利益。而在实践中，中国已经提出了一些具有国际领导意义的外交政策概念，这些概念以"和平共处五项原则"为起点，到"和平发展"再到"和谐世界"。中国承担的各种国际责任越来越多，而在一些领域尤其是在全球的和地区的国际制度中，中国实际上已经具有相当的影响力。

像世界上其他新兴行为体一样，中国的多边主义外交起点较低，但多边主义不仅是中国外交政策的工具，更为重要的是要成为中国外交政策的目标。中国应在一些具体领域、问题、部门和区域发挥适当的、建设性的和具有合法性的影响和作用。通过提供更多的国际公共产品，中国要让世界知道，中国从来不是、也绝对不可能是国际制度的免费搭车者，而是国际制度得以继续和强大的一个重要贡献者。中国在一些大区域的多边合作上开始探索某种建设性的领导作用。朝核六方会谈、上海合作组织即是最好的例证。它们都体现着和平的多边主义，成为当今世界谋求和平解决国际争端，互利共存、合作共赢的国际协调场所。和平的多边主义可以为缓和双边关系提供某种契机与平台，同时也需要良好的双边关系做基础。

冷战后迄今，世界上爆发了多场高科技局部战争，除了美国单边黩武的伊拉克战争以外，海湾战争、科索沃战争、阿富汗战争、利比亚战争都是以美国为首的多国部队或北约针对发展中国家发起的军事行动。结果是美国长期处于战争状态，并导致冤冤相报，美国难以获得可持续安全。奥巴马政府表示放弃单边主义，但改为利用北约组织及双边同盟推行暴力的多边主义。其针对利比亚发动的军事行动即是例证之一。所谓"民主、人权、法治"似乎不再是美欧衡量利比亚现政府是否具有合法性的标准；放弃核武计划的卡扎菲政府的下场，对未来防止核扩散进程会否投下阴影令人担忧。

暴力的多边主义古已有之。从1900年入侵中国的英、美、德、法、俄、日、意、奥匈帝国等八国联军，到二战期间的德意日法西斯集团，无一例外。其不仅严重损害了中国的主权、安全与人权，而且破坏了世界的和平与安全。历史告诫世人，当今世界，只有推行和平的多边主义，摈弃和抵制暴力的多边主义，国际社会的可持续安全才有希望。

党的十八大报告指出，中国继续高举"和平、发展、合作、共赢"的旗帜，提出了"平等互信、包容互鉴、合作共赢"主张。中国主张的共赢理念，不是只局限于经济领域，而是适用于国际事务的方方面面：经济上寻求共同利益、共同发展繁荣；政治上相互尊重、平等相待；安全上致力于共同安全、集体安全、合作安全；文化上包容互鉴、共生共存。这一主张同一些国家长期固守的冷战思维和"零和"心态形成鲜明对比，使共赢与和平、发展、合作一道，共同构成中国对外方针政策的核心内涵。

当今时代是一个利益共生的时代。世界在变，中国也在变，但中国人民热爱和平、渴望发展的信念没有变，中国外交对维护和促进世界和平发展的承诺不会变。在中国新一代中央领导集体带领下，中国外交必将在继承和发展中继续前行，以更加开放包容的心态，以更加积极有为的努力，为推进人类和平与发展事业做出更大贡献。

# 第六章　中国的和平发展与未来国际秩序

　　中国正在经历着前所未有的历史变革，实现中华民族伟大复兴是近代以来所有中国人的梦想。经过30多年的改革开放，我国取得了举世瞩目的发展成就，我们距实现中华民族伟大复兴的目标未曾像今天这么近，但遭遇的风险挑战也未曾有今天这么多。社会转型的迷惘、改革共识的达成、道德失范的焦虑、西化分化的挑战、金融危机的冲击、自然灾难的考验，等等，都是我们在民族复兴之路上必须破解的难题。破解难题、推动发展，实现中国梦，必须始终不渝地坚持党的领导，坚定不移地走中国道路，毫不动摇地深化改革开放，与时俱进地推动理论创新和实践创新。必须坚定不移高举和平、发展、合作旗帜，坚持走和平发展道路，坚持实施互利共赢的开放战略，才能创造和平的国际环境，同各国人民一道推动建设持久和平、共同繁荣的和谐世界。

## 第一节　中国的新安全观

"新安全观"又称"非传统安全观"，是对后冷战时代开始出现的一些不同于"旧安全观"即"传统安全观"的新安全观念的统称，指与"旧安全观"即"传统安全观"相对的各种新型的安全观。

### 一、后冷战时代新安全观的演变

新安全观主要包括"综合安全观""共同安全观""合作安全观""以人为中心的安全观"，等等。

早在20世纪70年代末由日本政府提出的"综合安全观"，20世纪80年代逐步得到一些东盟国家的认同，冷战结束后得到包括中国在内更多国家的支持，并在全球范围内产生了广泛的影响。20世纪70年代末，日本政府在《国家综合安全报告》中，第一次系统阐述了综合安全观，后又于20世纪80年代初提出了"综合安全保障战略"，认为要防止和对付诸如战争、能源危机、资源危机、自然灾害等方面的威胁，必须将经济、政治、军事、外交等多种手段相结合，发挥其综合作用。进入20世纪90年代以来，日本安全战略的实施更加突出了这一点，其中在对外战略的实施中继续坚持以日美同盟为"基轴"，同时争取逐步完成由被动型向主动型的转变，充分发挥经济、科技、金融优势，并将它们转化为政治影响力，以实现其成为政治大国的目标。

"共同安全观"的概念源于欧洲，它是作为对东西方对抗的一种反动，尤其是对战略核威慑的一种反动而出现的。1982年，瑞典首相帕尔梅主持的非政府组织"裁军与安全问题独立委员会"就全球安全提出了一份题为《共同安全：一种生存蓝图》的报告，第一次就共同安全要达成的目标、实现的途径、应该遵循的原则等做了比较系统的分析研究，认为"避免战争，尤其是避免核战争，是一种共同的责任。世界各国的安全，甚至生存是相互依赖的。"帕尔梅委员会的报告确定了共同安全的六个原则：所有国家都有获得安全的合法权利；军事力量不是解决国家间争端的合法手段；在表达国家政策时需要克制；通过军事优势是无法得到安全的；削减军备和对军备进行质量限制是共同安全所需要的；军备谈判和政治事件之间的

"挂钩"应该避免。1983年,联合国大会决定专门组建一个政府间的研究小组,重点研究共同安全,最后发表了《安全概念》的研究报告,使共同安全观有了新发展。

"合作安全观"是一种力求通过国家和非国家在一定范围内的合作来谋求国家安全、地区安全乃至全球安全的主张和观念。1988年,美国的布鲁金斯学会明确提出了"合作安全"概念;"冷战"结束后的1992年,该学会对合作安全进行了更为系统的阐述,形成了合作安全理论和较完整的合作安全观。在此期间,加拿大政府于1990年开始主张在亚太地区实行合作安全。当年9月,加拿大外长约·克拉克在联合国大会的发言中认为,亚太国家应根据冷战结束和亚太地区安全所出现的新情况,重新定义安全概念,追求合作安全。他说,合作安全就是在互信基础上开展多边合作,取代以势力均衡为基础的冷战安全观。此后不久,加拿大又提出了进行"北太平洋合作安全对话"的具体倡议,建议北太平洋的美国、苏联、中国、韩国、朝鲜、日本和加拿大等七个国家进行前所未有的安全对话。这一倡议得到了相关国家不同程度的响应。从1990年到1993年,在加拿大约克大学的协调下,"北太平洋合作安全对话"举行一系列的会议，出席者包括以个人身份参加的政府官员。1993年，一直力图推动共同安全的澳大利亚政府，在其提出的建立类似赫尔辛基的安全协调机制的倡议受挫后，于1993年在新加坡召开的东盟与对话国会议及后来召开的联合国大会上，开始引用合作安全概念。此时的澳大利亚政府认为，与共同安全相比，合作安全强调循序渐进原则，因而更为实际，更有可操作性。

冷战结束后，联合国积极倡导从狭义的国际安全概念转向"全包容型安全概念"。1994年，联合国开发计划署的《人类发展报告》中，从经济安全、粮食安全、健康安全、环境安全、人身安全、社区安全和政治安全七大领域，全面、系统地阐述了"人类安全"的概念。千年首脑会议以来，联合国的安全概念与发展和人权联系在一起，被定义为"以人为中心的安全"，强调不仅是国土的安全，而且是人民的安全；不仅是通过武力来实现的安全，而且是通过发展来实现的安全。

以往的安全理念通常从对抗、遏制、均衡等角度提供解决传统安全问题的思路。这种理念往往会因一方把自己的安全措施解释为防御性的，而把另一方的措施解释为可能的威胁，为追求自身安全而增加其他国家的不安全感。现实中就会导致一方为自卫加强军备，却造成另一方的军备竞赛，造成不安全的地区环境，为了安全而导致不安全。近年来发生的一系列局部武装冲突乃至战争，基本都是这种旧思维的产物。

在新的历史条件下，单边主义谋取的"霸权稳定"是不可能的，"非此即彼"的零和博弈模式越来越不适应当前国际安全局势。要为持久和平营造良好的安全环境，必须摒弃冷战思维，树立新安全观。中国的"新安全观"。其核心是：互信、互利、平等、协作。互信，是指超越意识形态和社会制度异同，摒弃冷战思维和强权政治心态，互不猜疑，互不敌视；互利，是指顺应全球化时代社会发展的客观要求，互相尊重对方的安全利益，在实现自身安全利益的同时，为对方安全创造条件，实现共同安全；平等，是指国家无论大小、强弱、贫富都是国际社会的一员，应平等相待，不干涉别国内政，推动国际关系的民主化。发达国家应该为全球共同安全、消除冲突根源承担更多的责任；协作，是指以和平谈判的方式解决争端，经常就各自安全防务政策以及重大行动展开对话与相互通报，并就共同关心的安全问题进行广泛深入的合作，消除隐患，防止激烈冲突的发生。总之，新安全观是综合安全观、发展安全观、合作安全观、共同安全观，是建立在世界多样性和共同利益基础上的安全观念和安全模式，既符合人民意愿，也顺应时代潮流。

历史和现实反复证明，武力不能缔造和平，强权不能确保安全。当今世界不稳定、不确定和不可测因素在增加；非传统威胁与传统威胁相互交织，各类安全问题的相关性、共同性、综合性日益增强；一国安全与地区和全球安全紧密相联。唯有通过加强国际合作，才能有效解决各国共同的安全问题。尤其是像近年来越来越受重视的恐怖主义威胁，没有全世界广泛、持久的真诚合作，只靠少数国家的努力，是根本无法应对的。

## 二、中国新安全观的主要内容

中国的新安全观是1995年在东盟地区论坛上提出的，在后来的实践中经过发展和完善，形成了中国对外战略的核心内容。对于当今世界各国所面对的威胁和如何实现国家安全与国际安全，中国领导人在许多场合进行过阐述，党和政府的重要文件也有正式的解释。2002年7月31日，参加东盟地区论坛外长会议的中国代表团向大会提交了《中方关于新安全观的立场文件》，对中国在新形势下的新安全观进行了全面系统的阐述。根据该文件，中国新安全观的核心内容是：互信、互利、平等、协作；新安全观的实质是"超越单方面安全范畴，以互利合作寻求共同安全"。

2005年9月15日，胡锦涛主席在联合国成立60周年首脑会议上发表题为《努力建设持久和平、共同繁荣的和谐世界》的讲话，呼吁世界各国"应该携起手来，共同应对全球安全威胁"，应坚持多边主义，"摒弃冷战思维，树立互信、互利、平等、协作的新安全观，建立公平、有效的集体安全机制，共同防止冲突和战争"，实现共同安全。这是中国领导人第一次在联合国讲坛上向国际社会介绍和阐述中国的新安全观。

2009年9月23日，胡锦涛主席在第64届联合国大会上发表题为《同舟共济，共创未来》的讲话中指出，在人类历史上，各国安全从未像今天这样紧密相连。安全不是孤立的、零和的、绝对的，没有世界和地区和平稳定，就没有一国安全稳定。"我们应该坚持互信、互利、平等、协作的新安全观，既维护本国安全，又尊重别国安全关切，促进人类共同安全。"

应坚持联合国宪章宗旨和原则，坚持用和平方式解决地区热点问题和国际争端，反对任意使用武力或以武力相威胁。坚决反对一切形式的恐怖主义、分裂主义、极端主义，不断深化国际安全合作。同时，国际社会应该切实推进核裁军进程，消除核武器扩散风险，促进核能和平利用及其国际合作。这次讲话的发表，标志着新安全观被正式确立为中国处理国际安全问题的核心价值理念。

这种新安全观与传统安全观有着根本上的不同，即从本质上体现了一种"非零和"的双赢思想。它强调通过对话加强互信，通过合作确保安全，顺应了和平与发展的时代主题、世界多极化与经济全球化的历史潮流，适应了世界要和平、人民要合作的时代发展要求。中国新安全观超越冷战思维，摒弃以对抗求安全的思想。中国主张在互利、互信的基础上，建立超越意识形态和社会制度的合作关系，以合作的方式谋求共同利益和解决冲突。这种新观念的提出，是适应国际形势发展和变化的产物，也是中国和平共处五项原则内涵的延续和新发展。

在冷战结束之前，中国所面对的主要威胁一直是大国之间的对抗，是世界大战的危险，是帝国主义武装侵略和颠覆的威胁。伴随着东西方对抗关系的结束和大国之间以合作为基调的新关系的确立，中国所面对的安全问题也发生了改变。中国强调的新安全观，所针对的威胁包括传统的威胁，也包括非传统的威胁；包括军事安全问题，也包括非军事安全问题。这种对安全的新关注，实际上将国家安全与国际安全密切地结合在了一起，把中国面对的威胁与人类面临的全球共同威胁联系在了一起。

以新的视角观察当今的国际关系，可以看到，世界和平所面临的威胁包括局部战争和冲突、地区热点、南北差距，人民的基本生存甚至生命安全面对着国际恐怖主义势力、民族分裂势力、极端宗教势力的威胁，环境污染、毒品走私、跨国犯罪、严重传染性疾病等已成为世界各国共同面对的全球性问题。所有这些问题的解决，需要国际社会有新的思路与战略。

中国新安全观强调的是以平等合作而不是实力对抗解决问题。其核心内容之一是"协作"，说得确切些，就是以和平谈判的方式解决争端，并就共同关心的安全问题进行广泛深入的合作。这种合作是多渠道的，包括多边安全机制、多边安全对话、双边安全磋商，非官方安全对话等。新安全观所提出的

"合作安全"模式，与"和平共处"相比，不但在观念上有更明确的阐述，而且具有制度化、规范化的形式；与结盟相比，它不针对某个具体敌人，也没有严格的盟约限制。

## 三、中国新安全观外交的实践路径

自20世纪90年代中期以来，中国外交在以下五个方面推动了新安全观的成功实践。

### （一）积极发展同世界各国的友好合作关系，维护国际战略平衡与稳定

中国外交以维护世界和平、促进共同发展为宗旨，致力于在和平共处五项原则基础上发展同世界各国的友好合作关系。中国作为大国，积极发展同世界主要战略力量的关系，维护国际战略平衡与稳定。中美建设性合作关系总体稳定，双方在各层次密切的对话与交往，扩大了彼此间的共识，增进了相互间的理解。中俄战略协作伙伴关系继续深化，两国在重大国际和地区问题上建立了日益完善的磋商和协调机制。中欧全面战略伙伴关系的内涵不断充实，双方在各领域的交流与合作保持了蓬勃发展的势头。中日致力于和平与发展的友好合作伙伴关系

本着"以史为鉴、面向未来"的精神，不断迈上新的台阶。中国作为亚洲国家，在周边外交中坚持"与邻为善、以邻为伴"方针和"睦邻、安邻、富邻"政策，着力加强双边友好，积极推动区域合作，妥善处理热点问题和突发事件，为促进地区和平、稳定、繁荣、发展发挥了关键性作用。中国作为发展中国家，积极推动南南合作和南北对话，不断深化同广大发展中国家的传统友谊与互利合作，为促进发展中国家的整体发展做出了不懈努力。中国广泛参与以联合国为中心的国际多边外交活动，积极开展经济、贸易、反恐、军控、维和、人权、司法和环境等方面的国际合作，为维护世界和平与稳定发挥了积极的建设性作用。

（二）主张实现有效军备控制，推动国际核裁军进程

国际裁军、军备控制，防止核扩散是国际政治和安全领域的重大问题，直接关系到世界的安全与稳定。中国一贯重视并支持国际军控与裁军努力。早在新中国成立之初，反对军备竞赛，争取实现普遍裁军即成为中国外交政策的重要组成部分。中国相继加入并切实履行了有关国际军控条约，积极参加国际军控和裁军领域的重大活动，积极参与联合国和有关国际

机构关于裁军问题的审议和谈判，提出了许多合情合理、切实可行的主张，努力推进国际军控与裁军进程。中国于1985年、1997年和2003年，分别宣布裁减军队员额100万、50万和20万。2005年底，中国完成裁军20万任务，军队规模现保持230万人。

作为一个核国家，中国认为，一个普遍安全的世界，首先应该摆脱核战争威胁。中国一贯主张全面禁止和彻底销毁核武器，不参加任何形式的核军备竞赛，始终将自身核力量维持在国家安全需要的最低水平。自拥有核武器的第一天起，中国政府就郑重声明：在任何时候和任何情况下都不首先使用核武器，不对无核武器国家和无核武器区使用或威胁使用核武器。目前，中国已加入《南极条约》《关于各国探索和利用包括月球和其他天体在内外层空间活动的原则条约》和《禁止在海床洋底及其底土安置核武器和其他大规模毁灭性武器条约》等多个国际核裁军条约，并切实履行了相关国际义务。

与此同时，中国反对大规模杀伤性武器及其运载工具的扩散，积极参与国际防扩散机制。自1992年加入《不扩散核武器条约》以来，中国政府忠实履行条约的各项义务，致力于维护和加强条约的普遍性、有效性和权威性，努力促进条约防止核武器扩散、推进核裁军进程、促进和平利用核能三大目标的实现。中国高度重视并积极开展同有关国家的双边防扩散交流与合作，严格按照防扩散政策和有关出口管制法规，通过情报交流和执法合作，与有关国家联合制止和打击核扩散活动。

（三）鼓励和支持以和平方式，通过平等协商和谈判解决国际争端

中国一贯主张"各国应通过对话与合作增进相互了解与信任，承诺以和平方式解决国家间的分歧和争端"，这主要体现在中国对于边界问题和朝核问题的处理上。

中国是世界上边界线最长和邻国最多的国家，也是边界情况最为复杂的国家之一。边界问题能否妥善解决，不仅关系到中国的主权和领土完整，而且关系到中国能否有一个稳定的周边环境。中国政府从国家整体利益和长远利益出发，本着实事求是的精神，在实践中提出了一系列关于解决边界问题的原则和方法：第一，坚定不移地维护国家主权和领土完整。第二，在平等协商的基础上，通过互谅互让求得边界问题公平合理的解决，在问题解决之前维持现状不变。第三，历史与现实相结

合，既照顾历史背景，又照顾已经形成的现实情况。第四，按照国际法的一般原则对待历史上的旧界约，遵循国际惯例划界和勘界。在上述原则的指导下，2002年11月，中国与东盟签署了《南海各方行为宣言》，确认双方将通过友好协商和谈判，以和平方式解决南海争议问题；2003年6月，中国与印度签署了《中华人民共和国和印度共和国关系原则和全面合作宣言》这一指导新世纪中印关系发展的纲领性文件，中国重申了愿意通过平等协商，寻求公正合理以及双方都能够接受的方案解决两国边界问题的诚意。目前，中国已同绝大多数邻国通过互谅互让、平等协商的方式解决了陆地边界问题。

20世纪90年代初，朝鲜半岛核危机的爆发对中国乃至整个东北亚地区的和平与安全构成了严重威胁。面对朝核危机，中国主张"确保朝鲜半岛无核化，同时也应解决朝鲜所关切的安全问题，并通过对话与和谈这一唯一有效途径维护朝鲜半岛的和平与稳定"，并为此展开了积极的调解和斡旋。2002年朝核危机再次爆发后，中国为维护东北亚地区的和平与稳定，积极协调各方立场，为朝核危机的和平解决创造了重要平台。自2003年8月至2007年3月，中国作为东道主共主持了六轮朝核问题"六方会谈"，与各方共同努力促进了美朝之间的对话和各方对解决方案的探讨，加深了相互了解，明确了问题的重点和推进会谈进程的主要目标与行动原则。2007年2月，朝核问题第五轮"六方会谈"第三阶段会议在北京举行。会议经过多轮磋商，最终达成《落实共同声明起步行动》共同文件，标志着朝核问题的解决进入了实质性阶段。

（四）坚决反对和打击一切形式的恐怖主义，加强国际反恐合作

冷战后，恐怖主义的蔓延和猖獗对世界和平与安全构成了严重威胁。中国政府始终坚定不移地反对和打击一切形式的恐怖主义，主张在反恐过程中充分发挥联合国及其安理会的领导和协调作用，反对"双重标准"。中国高度重视国际反恐合作，积极通过多种方式开展反恐专业技术交流，现已参加了11个国际反恐条约。2007年8月，上海合作组织成员国在中国新疆和俄罗斯车里雅宾斯克共同举行了以打击恐怖主义、分裂主义、极端主义"三股势力"为课题的联合反恐军事演习，这是中国军队第一次赴境外参加大规模陆空联合军事演习。2007年9月，中国武警部队与俄罗斯内卫部队以"解救人质及捣毁恐

怖组织团伙行动"为课题，举行了代号为"合作—2007"的联合反恐演习，这是中国武装力量第一次同外国武装力量举行此类演习。2008年12月20日，中国政府宣布，根据联合国安理会有关决议，中国将派遣海军舰艇编队前往亚丁湾、索马里海域执行护航任务。这是中国首次派遣海军舰艇赴海外维护国家战略利益，是中国应对国际安全威胁、履行国际人道主义义务、维护国际与地区和平安全的一项战略性举措。12月26日，由两艘导弹驱逐舰和一艘综合补给舰组成的中国海军首批护航舰艇编队开赴亚丁湾、索马里海域执行护航任务。截至2013年6月，中国海军已先后派出14批37艘次舰艇赴亚丁湾、索马里海域执行护航任务，先后为5200多艘中外船舶提供安全保护。护航成功率达100%，受到国际社会的高度评价。

（五）积极参与、努力推动全球和地区安全合作机制建设

第一，积极参与全球安全机制的发展和完善。联合国集体安全机制是全球多边安全体系的核心。中国作为联合国安理会常任理事国，积极支持联合国为解决地区冲突和局部战争所进行的努力，不断加大参与联合国维和行动的规模和力度。中国于1988年加入联合国维和行动特别委员会，1990年4月首次

参加联合国维和行动。截至2010年12月，中国共参加19项联合国维和行动，累计派出维和官兵17390人次，9名维和官兵在执行任务中牺牲。中国维和部队共在维和任务区新建、修复道路8700多公里、桥梁270座，排除地雷和各类未爆物8900多枚，运送物资60多万吨，运输总里程930多万公里，接诊病人7.9万人次，圆满完成了联合国赋予的各类维和任务，为促进和平解决争端、维护地区安全稳定、加快有关国家经济社会发展发挥了积极作用，成为安理会常任理事国中派出维和人员数量最多、贡献最大的国家。更为可贵的是，在联合国维和经费吃紧的情况下，中国较大幅度地提高了在维和行动摊款中的份额。2010年，中国在联合国维和行动中的摊款占近4%，约3亿美元。

第二，努力推动地区安全机制的建立和发展。中国积极参与上海合作组织、东盟地区论坛、亚洲相互协作与信任措施会议、亚太地区安全合作理事会以及东北亚合作对话等地区性官方、半官方多边安全合作机制的活动。其中，推动建立上海合作组织，是中国以新安全观为指导，推动地区安全机制建设的一次重要成功实践。自1996年"上海五国"机制启动以来，中国、俄罗斯、哈萨克斯坦、吉尔吉斯斯坦、塔吉克斯坦五国先后签署了《关于在边境地区加强军事领域信任的协定》和《关于在边境地区相互裁减军事力量的协定》等多个文件，通过友好协商妥善解决了五国间历史上遗留下来的边界问题，并提出了打击"三股势力"的主张。1998年7月，"上海五国"第三次元首会晤决定将安全合作作为主要议题引入会晤领域。2000年7月，"上海五国"第五次元首会晤决定，五国边防、海关和安全部门的负责人将定期举行会晤，在五国框架内组织反恐和反暴力活动的联合演习。2001年6月，上海合作组织成立后，中国大力倡导不结盟、不对抗、不针对第三方的新型地区安全合作模式，有力地维护了本地区的和平稳定，促进了各成员国间的互利合作和共同发展，为维护地区安全发挥了重要作用。2006年6月，上海合作组织成员国元首理事会会议一致通过的《上海合作组织五周年宣言》郑重宣布：上海合作组织"将为建立互信、互利、平等、相互尊重的新型全球安全架构做出建设性贡献"。

和平与发展是当今时代的主题。历史和现实反复证明，武力不能缔造和平，强权不能确保安全。新安全观是一种全新的安全思维和外交理念，反映了和平与发展的时代呼声，代表了当代先进的战略文化和安全观念，力图从综合安全的角度构建起和谐世界的框架，是和平共处五项原则在新时代条件下的继承和发展，是中国爱好和平、谋求发展的新型政治理念在国际安全事务中的延伸和继续，是中国作为负责任的大国对于国际社会的一个重要理论贡献。

## 四、中国新安全观的现实意义

中国新安全观的核心是互信、互利、平等、合作。

各国互相尊重主权和领土完整、互不侵犯、互不干涉内政、和平共处五项原则是新安全观的基本准则和政治基础。互利合作、共同繁荣，是维护和平的经济保障。建立在平等基础上的对话、协商和谈判，是解决争端、维护和平的正确途径。上海合作组织是新安全观的成功实践。作为当今世界的一种新型区域性多边合作组织，上海合作组织首倡了以相互信任、裁军与合作安全为内涵的新型安全观，提供了大小国家共同倡导、安全先行、互利协作为特征的新型区域合作模式。

中国的新安全观是中国现阶段的产物，因此，也反映出对国家特殊安全利益的考虑，如边界问题、台湾问题、反分裂主义等。作为一个发展中国家，中国的新安全观与发达国家在优先考虑上有所不同。和广大发展中国家一样，发展仍然是中国的首要问题。

在人类历史上，各国安全从未像今天这样紧密相连。安全内涵不断扩大，传统安全威胁和非传统安全威胁相互交织，涉及政治、军事、经济、文化等诸多领域，对各国构成共同挑战，需要采用综合手段共同应对。安全不是孤立的、零和的、绝对的，没有世界和地区和平稳定，就没有一国安全稳定。我们应该坚持互信、互利、平等、协作的新安全观，既维护本国安全，又尊重别国安全关切，促进人类共同安全。坚持联合国宪章宗旨和原则，坚持用和平方式解决地区热点问题和国际争端，反对任意使用武力或以武力相威胁。支持联合国在国际安全领域继续发挥重要作用。坚持平等、互利、合作精神，保障全球经济金融稳定。坚持反对一切形式的恐怖主义、分裂主义、极端主义，不断深化国际安全合作。

在经济全球化深入发展的大背景下，各国发展息息相关。没有发展中国家普遍发展和平等参与，就没有世界共同繁荣，就无法建立更加公正合理的国际经济秩序。受国际金融危机冲击，发展中国家外部发展环境恶化，经济增长普遍减速，发展遇到严重困难。应该把促进共同发展作为解决全球发展不平衡和实现可持续发展的重要途径。联合国应该加大对发展问题的投入，促进经济全球化朝着均衡、普惠、共赢方向发展，努力营造有利于发展中国家发展的国际环境。国际金融机构应该把新增资源首先用于帮助发展中国家脱困，以更加灵活多样、更加便利快捷的方式提供贷款支持。国际金融体系改革应该着力提高发展中国家代表性和发言权。

应该采取负责任的应对国际金融危机举措，坚定反对保护主义，积极推动多哈回合谈判早日取得全面、均衡的成果。发达国家应该向发展中国家开放市场、减免关税，兑现官方发展援助和减债承诺，特别是加大对最不发达国家援助力度，重点解决其面临的饥饿、医疗、教育等问题。发展中国家应该立足自主发展，探索有利于实现发展、消除贫困的发展模式。发展中国家之间应该扩大贸易和投资合作，相互开放市场，提升南南合作水平。

不同文明交流借鉴、兼容并蓄，是社会进步的不竭动力。国家不分大小、强弱、贫富一律平等。我们应该承认各国文化传统、社会制度、价值观念的差异，尊重各国自主选择发展道路的权利。积极促进和保障人权，加强对话，消除隔阂。倡导开放包容精神，使不同文明和发展模式在竞争比较中取长补短，在求同存异中共同发展。

## 第二节　和平与发展的大国形象

国家形象是国际、国内公众对国家本身及其未来发展潜力、国家行为、国家的各项活动及其成果的综合评价与总体印象。国家形象是国家综合国力的外在表现形式，反映着一个国家政治的、经济的、文化的、民族的、社会的综合面貌，影响着国内外公众的情感态度和人心向背，影响着国家在国际上地位的高低与作用的大小，它既是国家力量与民族精神的表现与象征，是一国主观塑造、宣传的结果，又是国际社会对一个主权国家的客观评价。历史的经验告诉我们，在世界上树立良好的国家形象具有十分重要的意义，中国作为一个世界大国，也必须在全世界树立一个良好的形象。

## 一、独立自主：始终如一的基本原则

独立自主和平外交是新中国建国以来所一贯倡导的外交政策原则。无论国际风云如何变幻，中国从来没有牺牲过自己的独立自主原则。独立自主的和平外交政策的内涵也在实践中不断丰富和发展。60年多来，中国始终把国家主权独立和领土完整视为核心国家利益，坚持维护国家主权独立和领土完整至上。

中国坚持独立自主和平外交的原则，在不同时期有不同的特点。新中国成立之初，以毛泽东为核心的第一代领导集体就提出了独立自主和平外交的方针。从新中国建立到50年代中期，中国外交在当时形势下采取了"一边倒"的方针政策，后来，中苏关系出现逆转，中苏同盟破裂，其中一个非常重要的原因就是中国不能容忍苏联的大国沙文主义，坚持了独立自主原则。也正是依靠独立自主原则，中国在五六十年代顶住了美国和西方反华势力的封锁和压力。

20世纪50年代中期至20世纪70年代中期，国际形势错综复杂，中国在国际事务中不论是处理与敌对国家的关系，或是与兄弟国家发展关系，都坚持把国家主权和利益放在第一位，坚定地维护我国的国家利益、反对任何力量损害中国的独立、主权、安全和尊严。

20世纪80年代初，随着国际形势的演变和中国改革开放政策的提出，中国外交政策进行了重大的调整。以邓小平为核心的第二代领导集体继承老一辈革命家的外交思想，根据时代主题的转换和国际形势的新特点，进一步明确了中国独立自主的和平外交政策，其内涵更加丰富和完整。在原有基础上，赋予独立自主以新的内容，并突出维护和平，强调不以社会制度和意识形态的异同决定国家关系的亲疏，坚持在和平共处五项原则基础上同所有国家建立和发展友好关系；坚持不同任何大国或大国集团结盟，不搞军事集团，不参加军备竞赛，不进行军事扩张，永远不谋求霸权。1986年3月，全国人大第六届第四次会议《关于第七个五年计划的报告》第一次把中国外交政策概括为"独立自主的和平外交政策"，并从十个方面阐述了这一政策的主要内容和基本原则。中国独立自主和平外交政策进入一个崭新阶段。

进入21世纪，面对经济全球化和政治多极化在曲折中发展的复杂形势，中国高举和平、发展、合作的旗帜，坚持独立自主的和平外交政策，走和平发展的道路，并提出构建和谐世界的主张。独立自主和平外交政策得到进一步发展和完善。

中国外交60年的实践证明，坚持独立自主的和平外交政策，为中国外交开辟了广阔的天地，极大改善了中国的国际环境，提升了中国的国际地位和影响力，为中国赢得了普遍声誉。

## 二、和平发展：自身利益的战略抉择

和平发展，就是要营造一个良好的周边环境与国际环境，在安全、稳定的条件下加速社会经济发展；就是要本着崇高的以人为本的和平目的，造福于中华民族，造福于全人类；就是要采取和平的方式并经过和平的途径，全面建设小康社会，避免来自内外的冲突和对抗；就是要维护世界和平与稳定，促进人类发展与进步，亦即我国几代领导人所倡导的"中国应当对于人类有较大的贡献"。

中国之所以选择和平发展的道路，是由中华民族的根本利益决定的，是由中国社会主义国家性质决定的，也是由当今时代的发展潮流决定的。和平共处五项原则是中国外交的基石。中国领导人正是在传承和平共处五项原则的基础上，与时俱进，务实创新。

从新中国的外交实践来看，和平共处五项原则首先成功地运用到处理与苏联、东欧社会主义国家的关系中去，其次又成功地运用到处理与印度、缅甸、印尼等民族主义国家的关系中去，最后还运用到处理与英国等西方资本主义国家的关系中去。国际关系史长期以来充满弱肉强食现象。经受了百年屈辱的中国正是国际强权行为的受害者。新中国确立和平共处五项原则，就是要从根本上改变在利益关系上国际强权的极端不合理状况，坚决反对以强凌弱、侵犯别国领土主权等核心利益的强权政治。

20世纪60年代，带有严重"左"倾色彩的外交战略偏离和平共处五项原则，给中国外交造成了被动的局面。"一条线"战略和"三个世界"划分理论的提出，表明毛泽东的外交战略开始摆脱"左"倾错误的束缚，努力超越意识形态的局限，在很大程度上重新回到和平共处五项原则的正确轨道上来，因而打开了中国外交的新局面。

邓小平根据对国际形势和时代特征的冷静观察，适时调整了外交战略，提出了一系列新的外交理念。他还把建立国际经济政治新秩序提上日程。"发展是硬道理"是邓小平外交价值观的核心理念。"发展"是时代两大主题的核心，更是中国国家战略的中心。解决一切内政外交问题，特别是维护世界和平，都要靠"发展"。这一核心外交理念是邓小平对毛泽东外交思想的最大发展。

十一届三中全会以后，中国更加强调和平共处五项原则的重要指导意义。20世纪80年代末90年代初，苏联解体、东欧剧变，国际形势剧烈动荡。邓小平针对这种情况，提出了著名的"冷静观察、稳住阵脚、沉着应付、韬光养晦、有所作为"和"决不当头"的战略方针。其中"有所作为"，是指中国在"不当头"和做好"自己的事"的前提下，"按和平共处五项原则办事，积极推动建立国际政治经济新秩序"。邓小平关于时代和国际形势的战略判断，以及有关"发展是硬道理""对外开放"和建立国际政治经济新秩序的外交理念，为中国共产党新一代领导集体所继承，并根据新的历史条件加以充实和创新。

新世纪以来，中国的迅速发展引起了国际社会的关注。在此背景下，中国作为负责任的大国需要公开、坦诚地向国际社会阐明自己的战略取向。2002年11月召开的党的十六大强调："不管国际风云如何变幻，我们始终不渝地奉行独立自主的和平外交政策。中国外交政策的宗旨，是维护世界和平，促进共同发展。"胡锦涛在党的十七大报告中郑重指出："中国将始终不渝走和平发展道路。这是中国政府和人民根据时代发展潮流和自身根本利益做出的战略抉择。"十八大报告强调："中国坚定奉行独立自主的和平外交政策，始终不渝走和平发展道路，奉行互利共赢的开放战略，坚持在和平共处五项原则基础上全面发展同各国友好合作，推动建设持久和平、共同繁荣的和谐世界。"

## 三、互利共赢：对外开放的新思维

党的十八大报告指出，中国继续高举"和平、发展、合作、共赢"的旗帜；提出了"平等互信、包容互鉴、合作共赢"主张。中国主张的共赢理念，不是只局限于经济领域，而是适用于国际事务的方方面面：经济上寻求共同利益、共同发展繁荣；政治上相互尊重、平等相待；安全上致力于共同安全、集体安全、合作安全；文化上包容互鉴、共生共存。这一主张同一些国家长期固守的冷战思维和"零和"心态形成鲜明对比，使共赢与和平、发展、合作一道，共同构成中国对外方针政策的核心内涵。

互利共赢，是指导中国在新形势下处理国与国关系的重要原则。当今世界，追求"一家独大""一枝独秀"已经行不通了。互利共赢的精神不仅适用于对外经济合作，也应该成为国际关系中一项普遍适用的准则。只有秉承这一准则，国与国之间的关系才能顺利发展。

互利共赢是对平等互利原则的继承和发展。过去二十年中国周边外交的基调是"与邻为善、以邻为伴"，是"睦邻、安邻、富邻"，是"开放包容、互利共赢"。这些基调将在新时期得到有力延续。在更高水平上推行睦邻外交，目的是在亚洲塑造互利共赢的和平基础和合作格局。这就需要中国的周边外交在总体不变的基调下进行手段创新、领域拓展、力度调整，拿出更多稳边、安边、兴边、荣边的诚意来。在当前的国际环境和时代背景下，靠武力非旦解决不了争端，更将毁掉中国和平发展的好前景。维护核心利益不受侵犯，更多体现为把握动态平衡的胆略，也就是坚持搁置争议、共同开发、对话谈判和平解决争端的原则，但面对任何国家试图单方面改变现状的挑衅也绝不手软。中国周边存在较多热点问题，从朝鲜半岛到南亚局势，都直接牵涉中国的利益。中国应大力增加对地区传统、非传统安全合作的投入，增强在安全领域向周边国家提供"公共产品"的意识和能力。同时，更加积极地开展针对地区热点问题的预防外交和斡旋外交，旗帜鲜明地遏制损害地区和平稳定的倒行逆施。

中国要走出一条广受认可的大国崛起之路，必须在合作共赢方面有更大作为。要深化经济外交，加强产业、金融、能源、生态合作，在谋求本国发展中促进各国共同发展。

## 四、和谐世界：中国外交新高度

自2005年9月胡锦涛主席在联合国成立60周年首脑会议上发表《努力建设持久和平、共同繁荣的和谐世界》重要讲话以来，和谐世界已成为中国对外交往的名片。推动建设和谐世界，就是各国政治上应相互尊重，共同协商；经济上应相互促进，共同发展；文化上应相互借鉴，共同繁荣；安全上应相互信任，共同维护。

"和谐世界"理念具有丰富的内涵，包括政治、经济、文化、生态等各方面的内容。它是对中国传统文化中和谐思想的继承与发扬，也是对中国、印度等国在20世纪50年代倡导的和平共处五项原则的继承和发扬。它集中体现了现阶段以和平、发展、合作为旗帜的中国外交思想。

"和谐世界"理念把视角从人类社会本身延伸到"大地母亲"，增加了生态文明观和可持续发展观，是对毛泽东和邓小平外交思想的一个重大发展。"和谐世界"理念旨在世界范围内推动人、社会同自然的协调与和谐发展，拓展了我国外交的外延，超越了过去外交理念中简单的国与国关系、人与人关系的范畴，更多地关注人、自然与社会和谐发展的问题。

总之，新中国形象自新中国诞生至今，经历了创立、发展、巩固、丰满等不断完善的过程，在不同的历史时期，既有各自鲜明的特色和时代烙印，又有着一脉相承的共同特征和联系。塑造什么样的国家形象，怎样塑造良好的国家形象，最大限度地提高中国的国际地位，是新中国几代领导人都在反复思考并解决的重要问题。由于他们各自所处的时代背景不同，国内外急需解决的问题不同，所以他们认识问题、处理问题的角度和方法就有所不同，所展现出的国家形象也各有特色。但是，致力于塑造独立、和平的东方大国形象却是领导人一以贯之、共同努力的目标。这一形象，贯穿了新中国成立的60多年，这一形象，与新中国提出并倡导的和平共处五项原则所发挥的积极作用更是密不可分。"互利共赢""和平发展""和谐世界"理念的提出，是我国树立富有建设性、负责任大国形象的外交指南。我国正在以一种更加开放自信、理性务实的外交姿态出现在国际舞台上，同时对周边乃至世界的影响力也随着综合国力的提高与日俱增。

## 第三节　不断增强的中国软权力

国际关系中衡量权力的传统标准是"硬权力"，即一定国家和社会的军事力量、自然资源和其他有形物质力量。一个国家拥有的硬权力的多少，决定了该国在国际社会中的地位和作用，决定了该国国家利益的实现程度。例如实施军事打击或者经济制裁，或两种手段相结合，主要是运用强制或暴力手段迫使其他国家接受某种影响，这所体现的就是硬权力。硬权力的实施实际上是行为体把自己的意志强加于其他行为体。按照传统的理解，权力的运作主要是指这种方式。人们通常会把军事力量视为最典型的硬权力，而把进行战争视为对于硬权力的运用。

冷战结束初期，美国哈佛大学教授约瑟夫·奈提出了"软权力"的概念。"软权力"一经出现，随即开始在世界范围内流行起来，成为后冷战时代使用频率极高的一个专有名词。虽然这个由美国人创造的概念在其他国家被加以不尽相同的解释，但不得不承认的是"软权力"概念的产生与流行本身，正是美国拥有世界上最强大软权力的一个例证和一种体现。

约瑟夫·奈认为，"在历史上，考验一个大国，要看它是否拥有'战争的能力'。战争是国际政治扑克游戏中决定胜负的最后手段，也是一个国家相对实力的最后证明"。然而，"今天，权力的基础已不再是军事力量和征服"，"在跨国威胁以及信息时代这一新世界中，重要的不仅仅是谁的军队能够取胜，而是谁的话语能够赢得人心"。他指出，权力并非"不顾对方意愿而强行贯彻自己意志的能力"，而是"实现你所要的结果，并且如果有必要，令其他人改变态度以达到目的的能力"。这意味着两层涵义：第一，如果有必要，不惜动用强制力量改变对方态度以实现自己的目的，即权力的强制性一面；第二，在非必要的情况下，只要能够实现自己想要的结果就可以了，无需动用强制力量，即权力的非强制性一面。在此基础上，他将权力分为"软权力"和"硬权力"，认为前者是"一种吸引力，是通过吸引而非强制或利诱来获得你之所需的能力，它源自一国的文化、政治理念和政策"；后者则是一种强制力，源自一国的军事、经济等有形的力量。由于武力需要成本，往往遭到对方的强烈抵制，且"威逼利诱"很难获得他国持久、真诚的合作；而如果能够吸引对方，塑造其偏好的形象，获得对方的认同，使对方想你之所想，那么无疑你可以大大节省"大棒"和"胡萝卜"，更能实现本国的政策目标，因而软权力在一国的对外政策中具有不可忽视的重要作用。

## 一、软权力概念的内涵

软权力大致包括以下几方面的内容：

第一，对他国有吸引力的文化。谁的文化，特别是谁的大众文化能够广泛地为他国接受甚至效仿，无疑证明该国具有更大的吸引力和影响力。当前，以麦当劳、可口可乐为代表的消费文化，以好莱坞、迪斯尼为代表的大众娱乐文化，以微软、苹果、互联网为代表的信息及新型传媒文化以不可阻挡之势在全球流行开来，这无疑增加了美国的软权力。对此，迪斯尼老板米歇尔·埃斯纳曾幽默地说道："柏林墙不是被西方的武器摧毁的，而是被西方的观念摧毁的。什么是这些观念的发射系统呢？不可否认的是，在很大程度上，美国的娱乐就是这些观念的发射系统。"对于文化吸引力，约瑟夫·奈在之后的文章也补充道："自然，其他国家的人喝可口可乐或者穿乔丹T恤的事实本身并不意味着美国可以对其施加影响。这种观点混淆了权力资源和权力行为，权力资源能否产生有利的结果取决于客观环境，这并不是"软权力"资源所特有的情况。""以伊朗为例，西方的音乐和电视一方面为处在统治阶层的宗教人士所不能容忍，另一方面却又对很多年轻人具有吸引力，并以此向他们灌输自由和自主选择的思想。美国文化对某些伊朗人来说是'软权力'，但对另外一些伊朗人则不是。"

第二，在国内和国际上都能得到遵循的政治价值观。按照约瑟夫·奈的观点，美国的民主、自由、人权价值观，分权制衡的政治制度具有巨大的政治吸引力，具有"普世性"。一些国家愿意追随美国，在很大程度上是因为美国正是这些"普世性的"价值观的体现和化身。

第三，被视为合法和享有道德权威的外交政策。如果一国能够广泛参与创设国际规范、国际制度，那么它将具有影响甚至左右国际政治的议事日程、塑造和影响他国的利益和偏好的能力。因为这些国际制度、规范具有鲜明的"多边主义"色彩，如果一国借助它们而非"独断专行"无疑会增加该国的吸引力和合法性。

对此，约瑟夫·奈指出，"欧洲过度依赖软权力，而美国则过度依赖硬权力。欧洲成功地运用其政治、经济一体化的吸引力来达到目的，而美国则经常表现得似乎以它的军事优势能够解决一切问题。然而，仅仅依靠硬权力或软权力都是错误的，把二者有效地统一起来的能力才可以成为'全能权力'。冷战期间，西方国家用硬权力遏制苏联，同时又用软权力侵蚀"铁幕"背后的共产主义信仰，这就是一种全能权力。今天，要想达到全能，欧洲应该更多地致力于硬权力资源，而美国则应更关注其软权力资源。""在小布什的第一任期内，政府忽视了美国的软权力。2003年，当国防部长拉姆斯菲尔德被问及软权力的时候，他回答道：'我不知道它意味着什么。'布什政府和美国为这种无知付出了高昂的代价。幸运的是，在布什的第二任期，赖斯和卡伦·休斯掌控了国务院，拉氏的名声也因私人部门所不能容忍的失策而有所削弱，第二任期的外交班子给予软权力更多的关注。价值观在总统的外交政策中得到强调，公众外交的预算也有所增加。"

## 二、硬权力与软权力的关系

在国际关系中，硬权力与软权力都是国家可用的对外政策手段。从硬权力和软权力的相互关系看，前者是后者的有形载体，后者则是前者的无形延伸。一国综合国力不是两者的简单累加，也不是两者各自独立的集合体，而是两者的相互渗透和统一。部分构成"硬权力"的因素中，也可能包含"软权力"因素，反之亦然。

除非极特殊的情况，几乎所有的国家都同时具有硬权力和软权力。即使是国际社会那些所谓的中立国家也不例外，它们也有应对外来侵略的基本硬权力手段。而一些小国尽管硬权力很弱，但为了国家的生存与稳定，也都会保有最低限度的强制性手段。而世界历史上存在过的霸权国家也都因掌握了那个时代的核心硬权力和软权力而傲视群雄。

对于那些硬权力很强的国家来说，如果软权力的发展跟不上，其国际影响力必然会大打折扣。从20世纪70年代开始，日本巨大的经济能量和政府开发援助虽然为其建立了一定的软权力基础，但日本在政治价值上的感召力缺乏、种族优越感强、自我封闭及排外的社会特征又削弱了这种权力，特别是对待历史问题的态度，使日本在亚洲的软权力受到更为明显的损抑，其政治大国的发展目标也因此搁浅。相反，美国之所以强大，不仅因为其拥有世界上最强大的军事力量和经济体系，而且也因为美国拥有最先进的信息和知识体系，从某种角度来说，美国在文化、科技、教育领域独占鳌头的地位是其强大的根本。有学者认为，国家权力的竞争最终将是文化创造能力的竞争。

国际制度，作为软权力重要组成部分，主要体现了以权力为基础的大国或国家集团的基本利益，这些国家主导着特定时期国际关系的格局和制度性安排。作为世界体系的最大受益者，这些国家或国家集团在享有"无形红利"的同时，也必须承担相应责任，提供政治、经济、军事等各个领域的公共物品。

中国在国际制度软权力方面还须继续改进。根据美国中央情报局2006年的统计，中国参与的国际组织共有66个，法国有92个，美国和英国同为77个，俄罗斯有71个，中国参与国际组织的数量分别占法国、美国、英国、俄罗斯的71.7%，85.5%，85.5%，92.9%。近年来，中国主导创立了上海合作组织、中国—东盟自由贸易区、中非合作论坛等国际组织，对国际组织的主导力有所提升。但是，中国需要在国际制度的建设过程中发挥更为积极的作用，在西方主导的国际制度中扩大对议程设置的影响力，争取更大的决策权，更好地反映中国和广大发展中国家的利益和诉求。

由于软权力发挥作用，靠的是自身的吸引力，而非强迫别人做自己不想做的事情，因此它们适用的场合与问题确实是有区别的。在有些领域可以使用硬权力，例如在国家领土主权遭受侵略时进行反击，在需要施加外交压力时进行经济制裁。但也有许多领域基本上不能使用硬权力，例如解决气候变化、金融危机等全球问题时，国家或非国家行为体在推动这类议程与国际合作的过程中，主要是依靠软权力，而不能依靠武力。因此，在全球化问题和国际机制普遍存在的今天，国家普遍会优先使用软权力。因为软权力的成本要低得多，在能说服对方的情况下，就不需要进行强制。在说服无效的情况下，国家的手段就可能升级，从施压到使用武力。伊拉克战争爆发之后，美国学术界开始反思美国"过度依赖"硬权力的错误，提出了"巧实力"战略。2004年，美国安全与和平研究所高级研究员苏珊尼·诺瑟在《外交》杂志上发表题为"巧实力"的论文。诺瑟指出："必须实行这样一种外交政策，不仅能更有效地反击恐怖主义，而且能走得更远，通过灵巧地运用各种力量，在一个稳定的盟友、机构和框架中促进美国的利益。"2006年1月，约瑟夫·奈在《外交》杂志上发表题为"重新思考软实力"的文章，认为"单独依靠硬实力或软实力都是错误的。将它们有效结合起来可以称作巧实力"。2007年美国前副国务卿理查德·李·阿米蒂奇和约瑟夫·奈发表了题为《巧实力战略》的研究报告，明确提出运用"巧实力"进行对外战略转型。2009年1月，当时的美国国务卿希拉里·克林顿提出，美国将采取"巧实力"战略来处理国际关系。不难看出，"巧实力"战略是综合了硬权力和软权力的一种整体战略，体现了硬权力与软权力可以相互转换的特点。巧实力战略既强调强大的军事力量的必要性，同时也极大地关注联盟、伙伴关系和各个层次的机制，目的就是扩大美国的影响力和建立美国行为的合法性。

## 三、中国软权力的来源

第一，文化的吸引力。中国的传统文化向来深具魅力，而今它也正在全球流行文化中崭露头角。电影《卧虎藏龙》在非英语电影中一度最为卖座。在NBA休斯敦火箭队曾经效力的姚明是来自中国的明星。过去10年间，在华外国留学生每年的增长率为20%，由3.6万人增至11万人。2011年共有2711万人次外国游客来华旅游。从全球首家孔子学院2004年11月21日在韩国首尔成立以来，目前孔子学院已在106个国家的350多个教育机构落户，中小学孔子课堂达500多个，成为推广汉语教学、传播中国文化及汉学的全球品牌和平台。当美国之音将中文广播的时间从每天19小时削减到14小时之际，中国国际广播电台却推出了全天候的英文对外广播。2008年，中国通过成功举办北京奥运会和残奥会令软实力有所提升。

第二，在政治观念方面。中国在过去30年中实现了国内生产总值翻三番。世界金融危机爆发之后，在亚洲、非洲、拉丁美洲的很多地区，社会主义市场经济的"北京共识"比之前大行其道的新自由主义的"华盛顿共识"更受欢迎。中国加强了对外经济援助，不断扩展的国内市场，深化经济、政治改革，这些都增强了中国的吸引力。

第三，在外交政策方面。中国的独立自主和平外交已经成为一面旗帜。时代在发展，改革开放之前，中国对多边主义和多边体制持很大保留意见。在20世纪60年代，中国实质上没有主动参与政府间国际组织。而到了20世纪90年代，中国已经成为大部分政府间国际组织的成员国。

2001年，中国加入了世界贸易组织。2010年4月，世界银行增加了中国在内的新兴和发展中国家投票权，中国在世界银行的投票权从2.77%提高到了4.42%，成为第三大股东。在联合国，中国的参与程度也越来越高，累计派出超过17390人次官兵参与联合国维和行动，成为安理会常任理事国中派出维和人员数量最多、贡献最大的国家。

进入国际组织的中国人也越来越多，多名华人在国际组织中担任高官。来自中国的张月姣女士出任世界贸易组织大法官后不足两个月，来自北京大学中国经济研究所的林毅夫成为世界银行的首席经济学家，他也是第一位担任此职的中国人。在此之前的2005年，中国教育部副部长章新胜竞选获胜，就任联合国教科文组织执行局主席；2006年11月9日，陈冯富珍在日内瓦当选世界卫生组织总干事；就在她当选次日，国际电联选举中国籍的赵厚麟为副秘书长。中国人出任世界组织重要职务呈上升趋势，而中国籍的国际组织官员与专家，为中国实行国际组织外交积累了宝贵的经验。

近年来，中国大力倡导国际合作，推动建立和谐世界，并尽力打消国际社会对中国的疑虑，逐步建立起和平的外交形象和有责任的大国。随着中国国力的不断提升，中国如何用好本国硬权力和软权力，对于提升中国国家形象，对于理解和见证中华民族伟大复兴，无疑具有重要意义。

改革开放30多年来，中国在融入世界经济过程中取得了巨大的成功，已成为世界经济中的重要市场和发展力量。中国应利用不断提升的经济实力和影响力，争取在塑造世界经济新秩序的过程中获得更多的投票权和发言权，成为改造世界经济不平等秩序的主导力量。中国已与世界经济深度融合，切实的利益需求促使中国更多地参与对现有世界经济秩序的改革和新的世界经济新秩序的建构。得益于经济实力的不断增强，中国在国际舞台上积极参与，大力开展多边外交，倡导国际关系民主化和发展模式多样化，已成为国际体系中负责任的重要参与者、建设者和贡献者。